Telework /online

テレワーク・オンライン時代の営業術

菊原智明
TOMOAKI KIKUHARA

日本能率協会マネジメントセンター

はじめに

新時代はいますぐ「従業員マインド」から「起業家マインド」にシフトせよ

一夜にして世界が変わってしまう……。今、私たちはそんな時代のターニングポイントに生きています。

この変化の波をうまく乗りこなすか？　それとも波にのまれて沈没するのか？　は、これからのあなたの選択にかかっているのです。

「明日からテレワークだから」と言われたあなたは、「どう働いて、どんな手法でお客様と接したらいいのか」と不安でいっぱいだと思います。なにしろ前例がないため、何が正解で何が間違いなのかが分からないのですから……。

そこで今回、「**これは私が持っているテレワークのノウハウを伝えるべきだ**」と思い、筆を執りました。私自身、営業パーソンから独立して15年近く、テレワーク（情報通信技術を活用し、時間や場所の制約を受けずに、柔軟に働く形態）をしてきております。私はパソコン1台で仕事をしてきた人間ですし、営業の世界にも25年近くどっぷりと浸かっております。営業経験およびテレワークの実践をかなり積んでいますし、〝テレワーク営業〟のノウハウについて十分語る資格があると自負しております。

テレワークにはテレワークの結果の出し方があります。

テレワークでの営業ノウハウはもちろん、コミュニケーション、時間術、発想力、自己管理方法……などなど。新時代の波に乗るためのノウハウを分かりやすくお伝えさせていただきますので、楽しみにしてください。

さて、ほんの少し前まで「営業は足で稼げ」と言われていました。

あなたも聞いたことがあるでしょう。はるか昔の昭和の話ではなく、つい最近の平成まで言われていたのですから……。

それが2020年のコロナウイルスの影響によって状況は一転します。

今まで会社でやっていた仕事やリアルで行っていた営業活動を、テレワーク・オンラインに変えざるを得なくなりました。**これからは会社にもお客様のところにも行かず、結果を出さなければならない状況になった**のです。

これはとても大きな変化です。以前は「とりあえず何軒か回ってきます」と言ってお客様のところに行く〝フリ〟が可能でした。ダメ営業の多くは、ずいぶんと〝営業しているフリ〟をしていたものです。

テレワーク営業時代になっても〝フリ〟はできますし、上司の監視の目が無い分、サボろうと思えばどこまでもサボれるというのも、テレワークの最大のデメリットともいえます。極端な話、1ヵ月間ほぼサボっておいて「来月は行動量を増やして頑張ります！」とウソをついてもバレないのです。

しかし、そんなことをすれば**そう遠くないうちに、あなたの居場所が消えてなくなる**のは言うまでもありません。

テレワーク・オンラインによる営業「新時代」では〝営業しているフリ〟などと言うのは過去の遺物になります。

今までも営業は数字で評価される世界でした。それがテレワーク営業になれば、その傾向がさらに色濃くなります。**これからは稼げる人はより稼ぎ、稼げない人はますます稼げなくなる**のです。

ここで質問です。あなたは次のAさんとBさんのどちらになりたいですか？


【Aさん】

月に22日間×7時間＝154時間働いているが、結果を出せずに給料がほぼゼロ

【Bさん】

1日2～3時間働き、あとは好きなことをしながら今までの何倍もの給料を稼ぐ

Aさんと答える人はいないでしょう。

Bさんは短時間の営業活動で最大の結果を出し、あとは自分の趣味の時間や家族とのプライベートの時間をたっぷりと取れます。

これからは「月に22日間働いたから給料がもらえる」といったものではなく、「稼いだ○%が自分の取り分」といった世界になるのです。


「新時代」は何時間働いた、ではなく〝出した結果〟が重要になってきます。

これまでとは比較にならないくらい優劣がハッキリとし、給料も天と地ほどの差になって表れます。そして**この変化は元に戻ることはありません。**

営業スタッフは、出社せず自宅で営業をすれば通勤時間がゼロになりますし、会社としても様々な経費が削減できます。再び、**以前のような効率の悪い世界に逆戻りす**

ることなどないのです。

つまり、ここで私が強く言いたいのは**「従業員マインド」から「起業家マインド」のシフトが必要不可欠**になるということです。これは「自分は企業に勤める従業員向きだ」とか「起業に興味が無い」といった問題ではなく、時代の流れでそうなっていくものなのです。

これからは今まで以上にテレワーク時代にマッチした営業ノウハウと自己管理能力を要求されます。これは間違いなく訪れる世界です。**今まで働いてきた営業のやり方や効率の悪い習慣を引きずったまま、新しい世界に入っていけば、ものすごく苦労するハメになる**のです。

今までのスタイルを改善していくのではなく〝スクラップ&ビルド（古くなったやり方を廃棄し、新たなやり方に置き換える）〟していく必要があります。多くの人にとって新しい働き方になるのは、間違いありません。

過去にこだわる人にはピンチですが、この機会に自分を変えたいと思っている方にとっては大きなチャンスでもあります。

本書で紹介する〝テレワーク・オンライン時代の営業術〟とその働き方を身につけさえすれば、短時間で大逆転が起こります。新時代にマッチした方法で次々に結果を出し、これまで考えもしなかった報酬と満足感を手に入れるようになります。

この本を手に取っていただいたあなたのお力になれれば幸いです。では本書にてお待ちしております。

営業コンサルタント／関東学園大学講師
菊原　智明

目次

第3章 訪問できない時代は【営業レター】という最強の武器で売る……71

第6章 自宅で仕事をする際の行動術・時間の使い方

第7章　これからはますます体が資本、自分で心と体を守る方法……199

おわりに……228

第１章

「働き方新時代」で生き残る人、淘汰される人

AIに勝つ営業スタッフ、とって代わられる営業スタッフ

娘の中学の入学式でのことです。校長先生が新入生に向けて「65%の生徒は今存在しない仕事に就くようになるんだよ」という話をしていました。またそのころには**国内労働人口の約50%の職業について、AI（人工知能）に代替される可能性が高いと**いう話もしていたのです。

話を聞いた時は「ちょっと大げさだな」と思っていましたが、テレワークの拡大やAIの進化で、より一層現実味を帯びてきた感じがします。そう遠くない未来に多くの仕事がAI化するのは想像に難くないでしょう。

では営業職はどうでしょうか？

今のお客様は、営業スタッフから商品を売り込みされたから買うという人はほとんどいません。**「人と関わるよりネットで情報を集めて自分で判断したほうが気楽でい**

い」という人が多くなってきているのです。

コロナウイルスの影響もあり、今まで以上にネットで商品を購入する機会が増えました。こういった事実を目の当たりすれば、「今後我々は生き残っていけるのだろうか……」と不安になる方も多いと思います。苦戦している営業スタッフはもちろんですが、結果を出している営業スタッフだって心配になるものです。

ご安心ください。様々な状況を加味した上で**「営業職は今後も必要」**と私は考えます。「あぁ、よかった……」と安心するのはまだ早いです。AIに勝ち、必要とされる営業スタッフ、そしてその立場を奪われる営業スタッフ。どちらになるかは、**今後のあなたの行動次第で決まります**。

ですが、この本を読んでいるあなたは、きっと今後も必要とされる営業スタッフになるでしょう。だって、9割以上の営業スタッフは自らお金を出して「将来のために勉強しよう」などと考えていないのですから……。

この時点であなたは優位な位置にいるのです。今まで売れている営業スタッフでも、ダメ営業スタッフでも関係ありません。**今日から新しいスキルを学び、行動する人だけが生き残っていくのです**。

説明だけする営業スタッフは真っ先にリストラされる

「どんなにAIが発達したとしても今後も営業職は必要とされる」、これが私の持論です。理由はいくつかありますが、そのひとつをお話しします。

情報化社会になって久しい今、ネット上では情報が溢れすぎています。これがかえって判断を鈍らせるのです。

例えばですが、あなたが何か低額商品を買おうとしたとします。すぐに「知り合いの営業スタッフに連絡しよう」とはせずに、まずはスマホかパソコンを使ってネット検索するはずです。検索すれば数えきれないほどのホームページや関連記事などの情報が出てきます。上位3～4ヵ所クリックして閲覧しても、どれも似かよっており、書いてある内容もほぼ同じです。

多少の値段の幅はあるものの、「どれを買っていいのか……」と逆に迷ってしまった、なんて経験をしたことがあると思います。ランキングサイトもありますが、裏で商品・サービスを提供する企業のHPとつながっている、なんてこともあり、いまひとつ信用できません。

そんな時**「信用できる誰かに相談したいな」**と思います。こんな時にその分野に詳しい営業スタッフが必要になってくるのです。低額商品だって、ここまで迷うのですから、これが車や住宅などの高額商品だったらどうでしょうか？　ネットの情報やランキングなどで決められるはずもありません。

やはりAIではなく生身の人間（専門家、プロ）の意見を聞きたくなるもの。**その分野において精通し**

それHPにも
載っているから
知ってるん
だけど…
当社の製品は
スペックが
○○で…
リストラ
候補!!

ている人はこれからもニーズがあるということです。ということは、どんなお客様に対しても同じようなマニュアルトークしか話ができない営業スタッフはそう遠くないうちに姿を消すということになります。

一方的な説明ならば、それこそＡＩの方が適しています。会社にある単なる商品説明のトークしかせず、「なんで最近売れなくなったのだろう」と悩んでいる営業スタッフは少なくないのです。

こうした営業スタイルの方は今すぐ改めなくてはなりません。

お客様の意志決定のサポートができる営業スタッフは必要とされる

ネットで手に入る情報だけしか話ができない営業スタッフは必要とされなくなります。今後も必要とされる営業スタッフは購入を迷っているお客様に対して「Ａさんの場合、○○の商品が一番マッチしていますよ」とアドバイスできる人です。

このような**〝お客様の意志決定のサポート〟ができる人は今まで以上に必要とされます。**これはリアルでもテレワーク・オンラインでも同じことです。

では具体的に意思決定のサポートができる営業スタッフとはどんな人でしょうか？

まずは**扱っている商品について詳しくなくてはなりません。自社だけでなく他社商品についても精通している必要があります。**単純に自社商品をアピールしてくる人の意見には耳を貸しませんが、その業界にとことん詳しい専門家の話ならば聞きたくなります。

しかし、重要なのはそれだけではありません。**商品知識がある上で、じっくりヒアリングしてくれるかどうか**なのです。

今はテレワーク・オンラインでのやり取りが主になってきています。リアルとは違ったやり方、工夫が必要なってくるのです。

（※テレワーク・オンラインのコミュニケーションについては、次章以降で詳しくお話しします）

豊富な知識だけでなく〝客観的な意見〟が言える営業スタッフならば理想的です。

〝自分のノルマのために売ってくる営業スタッフ〟と〝本当に必要な商品だけススメてくる営業スタッフ〟のどちらの人と長く付き合っていきたいでしょうか？

間違いなく後者の営業スタッフとお付き合いしたいと思うはずです。どんなにＡＩ化が進んでも〝信頼できる相談相手〟は欲しいと思います。それは10年後、30年後、50年後も変わらないのです。

Aさんの場合
こちらのプランが
一番コストダウンに
なりますね
さすが
だわ
これからも
必要と
される

日本の生産性は アメリカの半分しかない、という事実

リサーチ会社の方とお会いした時のことです。その方から**「日本の営業、サービス業の生産性はアメリカの半分しかない」**といった話を聞いたことがあります。

この話を聞いた時はどうしても信じられませんでした。アメリカの営業スタッフというと〝ゆっくりとランチをとる〟もしくは〝スキがあればサボる〟といったイメージがあります。私の勝手な思い込みもありますが……。

とにかく、日本人の方がはるかに真面目なイメージです。その後調べたところ、**日本の労働生産性は、先進7カ国中の最下位という状態が20年以上続いている**という事実が分かりました。

ではなぜアメリカの営業スタッフは勤勉な日本人より生産性が高いのでしょうか？

その理由ですが、アメリカの営業職はコミッション率が高く、売れば売るほど給料

が高くなるシステムになっているからです。フルコミッションの会社も少なくありません。ですから徹底的に無駄を排除し〝**契約を取るための行動にフォーカス**〟しているのです。

一方、日本の営業スタッフはまだまだ改善の余地があります。

私にも経験がありますが、結果が出ないながらも「まだまだクビにはならないだろう」といった変な安心感を持っていました。ですから無駄な会議やミーティング、意味のない書類づくりをしていて

もなんとも思わなかったのです。

テレワーク・オンライン時代のリモート営業は無駄を省き、効率的に行動できる人が結果を出します。まずは、今の営業活動について「**無駄な行為をしていないか？**」と問いかけてみてください。

極力無駄を排除して、その分、結果が出る行動に注ぎこむようにしましょう。

まったり、ゆったりでは成長も進化もない

営業をしていればトラブルや問題が起こります。他の仕事をしながら「あぁ、あの問題どうしよう……」と、フッと考えたのでは気分は乗ってきません。かなりの足かせになるものです。

ただし、**永遠に続くトラブルや問題はありません。**また、**厳しい状況を乗り越えると「ちょっと成長したな」と感じるもの**です。

実際、私も数々の問題を乗り越え、その結果なんとか成長してきました。時間が経ち後になって考えてみると、**トラブルや問題は〝自分を進化させるためのエネルギー〟**になっていたのです。

逆に営業活動をしていて「今日は何も問題もなくいい日だった」という時もあります。まったり、ゆったり過ごす、なんていう日も必要です。

しかし、この状態が続くとどうなるでしょうか？　現状維持ができればいい方で、どんどん退化していくのです。

どんなに注意していてもトラブルは起こりますし、問題もどんどん出現してきます。

たとえ自分が悪くなかったとしても〝新型のウイルスが広がり景気が一気に悪くなる〟なんてことも起こるのです。

そんな時は**ネガティブに捉えず「今は成長のチャンスだ」と思うようにしましょう。**

それだけで精神的にずいぶんと楽になるのです。**まったり、ゆったりでは成長できません。苦しい時こそ〝ピンチはチャンス〟という言葉を思い出すようにしましょう。**

これからは些細なチャンスもつかむ人になる

機械系の業界のトップ営業の方とお会いした時のことです。秘訣を聞こうと質問したものの「特別なことはしていないんです」といった回答しか返ってきません。

そんな会話の中で、この方が「普通にやっているだけですが、ただ**どんな時でも、たとえそれがクレーム対応の時であっても、必ず提案をします**」と話してくれました。

この言葉を聞いた時「あぁ、これが秘訣だ」と確信したのです。

普通の営業スタッフは修理やメンテナンスの依頼があると〝その仕事だけ〟やって帰ってきます。機械系の営業に限らずほとんどの営業スタッフは「あぁ、修理が無事に終わってよかったぁ」と胸をなでおろすのです。しかし、その**トップ営業は修理やメンテナンスをしながら、頃合いをみて「当社にこういったサービスがありまして、いかかでしょうか」と提案します**。きちんとメンテナンスしてくれれば、クライアントも「まぁ、ちょっと考えてみるか」となるものです。

こうして売り上げを上げています。これが大きな差になっているのです。

トップ営業スタッフと話をしていると必ず「いやぁ～知り合いと会った時に偶然いい話になってね。ラッキーだった」というエピソードが出てきます。何気なく聞くと「やっぱり売れる人はツイているんだな」程度の理解になってしまいます。

ただツイているだけはありません。こうした**チャンスに巡り合うのは、どんな人と会う際も営業の意識を忘れていない**からなのです。**常にアンテナを立てていて、チャンスが来たら「そうそう、こういうサービスがあるんだけど」と、ごく自然な提案ができます**。こうしてチャンスを逃さずつかんでいるのです。

苦戦している営業スタッフは「最近、今こんな状況でしょ、お客様がいないのも仕方がないですよ」といった話をします。

Webでの資料請求や目の前のクライアントだけがお客様ではありません。修理依頼もそうですし、身近なところに常にチャンスは転がっているのです。さすがのAIもこういったチャンスはまだ気が付いていません。

これからは**些細なチャンスをものにする人が実績の残す**のです。

今までの成功体験をいかに手放せるかが勝負の分かれ目

テレワークで個人コンサルティングをした時のことです。営業スタッフの方から「テレワークの営業についていけず、成績が下がっていて困っている」という相談がありました。この営業スタッフの方はリアルでもお会いしたことがありよく知っています。見た目もさわやかですし、声質もよく、しかも聞き取りやすい話し方をします。ですから、てっきりテレワークでも結果を出せるタイプだと思っていました。

ところが話を聞き込んでいくとある問題点が出てきたのです。

その**問題点とは「会った時が最大の契約のチャンスだ」と思っていること**です。接客時、再来時、商談時、どこかで会った時などなど、顔を合わせた時はすべてクロージングのチャンスと思い込んでいます。

リアル営業の時はそれでうまく行っていたのですから、仕方がないかもしれませんが、これまでこの営業スタッフは「ここで会ったのも何かの縁ですから、ひとつお願いしますよ」と言って契約を取ってきました。天性の人懐こさがあり、それを可能にしていたのです。

しかし、**画面越しのオンラインではその営業スタッフの魅力は半分も伝わりません。リアルで会った時に通用していたこともオンラインではなかなか難しくなります**。今までの成功体験を引きずったままテレワークの営業に移行していたのです。

こうしてどんどん成績は下降していたのです。

そこで私はこの営業スタッフの方に、**今までの成功体験をいったん忘れる**ように伝えました。まずは「その場で強引にクロージングする」というスタイルを見直すようにアドバイスしました。その上で〝**お客様から欲しいを引き出すトーク**〟を一緒に考えたのです。お客様に質問して、**お客様の口から「それがあれば便利だよね」という言葉を引き出す**方法です。

この営業スタッフのスタイルとは逆の〝**引きのスタイル**〟です。

はじめから納得したわけではありませんが、このスタイルを続けてくれました。そして少しずつ結果を出し始めたのです。

時代が変われば やり方が変わります。**今のやり方をすべて捨てろと言っているわけではありませんが、時代に合わせて進化させましょう。**

わずかの違いを見逃せば
ゆっくりと置いて行かれる

〝ゆでガエルの話〟を知っているでしょうか？　ビジネスの本や講演でよく登場す

るたとえ話のひとつで、環境の変化に対応することの重要性を指摘するために用いられるエピソードです。知っている方も多いと思いますが、簡単に説明します。

ゆでガエルの話とは**「カエルを熱湯の中に入れると驚いて飛びだすが、徐々に熱するとゆであがって死んでしまう」**という内容です。これは非常に大切な教訓です。仕事をするうえで最も注意しないといけないことなのです。

知人で長期間活躍し続けている営業スタッフは〝わずかな変化〟を見

逃しません。**時代やニーズなど「ちょっと潮目が変わってきたな」ということを敏感に察知する**のです。

変化に気が付かなければそのままですが、変化に気がつけば「自分はこう進化していこう」と思い努力できます。もし、わずかな違いに気づきながらも「まだ、テレワーク営業に本腰をいれなくてもいいだろう」などと放置したらどうでしょうか？

今すぐクビになったり、倒産したりするわけではありませんが、**〝ゆっくりと置いて行かれる〟**ということになるのは間違いありません。ゆでガエルのように〝時すでに遅し〟になってしまうのです。

今までもテレワークの営業手法は活用されていました。

しかし、それは一部の進んだ業界だけで、旧体制がはびこっている業界では軽視されてきたのです。それがコロナウイルスの影響でテレワーク営業をせざるを得なくなりました。

今、まさに時代のターニングポイントです。ゆでガエルになる前に鍋から飛び出してください。

これからはオンライン商談が全盛の時代になる

私は大学の授業をTeamsでのオンラインで行っています。はじめのうちは慣れずに戸惑ったものの、やってみるといろいろなメリットがあることが分かりました。**学生の出席率は高いし、課題の提出率も高い**のです。**リアルより内容が伝わっている**ことを感じます。私の授業では学生に課題を出し、提出してもらいます。それを出席代わりにしているのです。

ある授業で「オンラインの商談とリアルの商談についてどっちがいい？」という課題を出したことがあります。「デジタルネイティブだから、おらそくオンラインの方が多いだろう」と思っていましたが、想像以上です。

なんと**9割以上の学生がオンライン**を選択したのです。圧倒的な差がついたのは理由があります。

・移動時間がないので多く商談できる
・服装に気をつかわなくていい
・遠距離(海外)のお客様とも商談ができる
・情報を共有しやすい　　などなど

けっこう合理的な意見が多く、意外だったのは「オンラインだとあまり緊張しなくていいから」と言います。やはりデジタルネイティブはツールの使い方に慣れているのです。

40代の私はどちらかというと逆で、オンラインの方が緊張しますし、リアルの方が話しやすいと感じます。しかし、これも少し慣れれば考え方が変わってくるでしょう。

学生だけでなく若い営業スタッフにも同じ質問をしたことがあるのですが、やはり20代、30代の若者は圧倒的に「オンラインの方が商談しやすい」と感じているのです。

こういった生の声を聞くことで、「間違いなく時代が変わっていくんだな」と確信に変わっております。**テレワーク・オンライン営業時代にはテレワークでの結果の出し方があります**。今まさにそれを学ぶ時なのです。

次の章からはその具体的な方法について、ひとつひとつご紹介していきます。楽しみに読み進んでください。

第2章

オンライン「商談術」「コミュニケーション術」

オンライン営業では雑談時間は3分以内にする

この章ではオンラインでの商談、コミュニケーションについてお話しします。

実際にお客様とフェイスｔｏフェイスでお会いしていたコミュニケーションとオンラインのコミュニケーションは共通点もありますが、異なる点も数多くあります。

オンラインのコミュニケーションにはリアルとは違った秘訣があるのです。

その秘訣についてじっくりとご紹介したいと思います。


以前、リアルの勉強会に参加した時のことです。時間通りに登場した講師は簡単に自己紹介をした後、アイスブレイクのための年齢ネタを話し出しました。「名刺交換しても字が見えない」「他の部屋に物を取りに行ったのに忘れてしまう」などなど。

参加者は50代くらいの方が多かったため、会場も盛り上がっていきます。参加者の反応がよく講師は気分を良くしたのでしょう、その手の話を次々に話し出したのです。

結局、本題に入る前に15分以上はかかったと思います。

私も含めほとんどの参加者は「面白いけど、早く本題に入って欲しいな……」とストレスを感じたものの、なんとか我慢できたのです。

この雑談をリアルではなくオンラインでしたらどうでしょう。15分も我慢できるでしょうか？

オンラインでの商談でのことです。たまたま出身が群馬県と同郷ということで、地域の話から高校の話まで、様々な共通点が見つかりました。盛り上がったこともあり、なかなか本題に入ってくれません。「そろそろ話を進めて欲しいな」と思って時計を見ると5分も経っていなかったのです。

オンラインではたった5分の雑談も長く感じます。いきなりビジネスの話をするのはおススメしませんが、**オンラインでは雑談の時間は3分以内でいい**のです。

オンラインの商談は〝14時15分～15時まで〟とスタートと終わりがはっきり決まっています。**緊張を解くためのアイスブレイクの雑談は必要ですが、くれぐれも長すぎないよう注意しましょう**。

オンライン商談は
ボディランゲージが重要になる

ここ最近はテレワークでの仕事も多くなってきました。ツールも増えZoom、Teams、Webexなどなど。今や対面の商談より、オンラインの方が主流になり「こういったツールは苦手だから」などと言っている状況ではありません。

オンラインで商談したり、コミュニケーションをとったり、セミナーをしたりして気づいたことがあります。それは**〝画面上での印象が非常に大きい〟**ということです。

オンラインでは常に画面上に相手の顔が表示されます。まったく話をしていない状態で、「この人は感じが良さそうなので話をしてみたいな」と思うこともあれば、「あの人は感じが悪そうだ」という印象を受けることもあるのです。

これはもちろんリアルでもあることで、話をする前から受ける影響は大きいものです。しかし、画面上は顔や表情の影響が大きくなります。**画面上で「この人はとても感じがよさそうだ」というのは笑顔もいいですし、うなずきも大きい**のです。こういった人はボディランゲージの重要性を理解しており「画面上でどのように相手に伝わるか」ということを意識して工夫しています。

ですからオンラインでも自然と相手にいい雰囲気を伝えられるのです。

こういった方はこれからも結果を出し続けます。

オンライン商談は画面上でのやり取りで、いかに心をつかむかが重要になってきます。

そのためには**ボディランゲージを意識し**て欲しいのです。

リアルの時以上に相手に伝わる笑顔とうなずきで好印象を与えましょう。

意識して〝話しかけやすい雰囲気〟を作り出す

私はコンサルタントとして、営業スタッフだけでなく社長や経営者の方の相談にも乗らせていただいております。

多くの社長の悩みは〝社員とのコミュニケーションの難しさ〟です。営業スタッフも社長に「話しかけにくい」と思っていますが、それ以上に社長も「社員にどう話しかけていいのか……」と悩んだりしているのです。

社長が話しかけにくいタイプは「リアクションがほぼない人」だと言います。話をしても目を見ず、ぼそぼそと答える感じの社員です。なかには常にスマホを見ているため話しかけるタイミングが無い、という社員もいるのです。

私の大学にも休み時間にずっとスマホをいじっている学生がいますが、こういったタイプとはコミュニケーションが取りにくいものです。

社長だって人間ですから、どうしても〝話しかけやすい社員〟ばかりと話をしてしまうようになります。テレワークになれば、なおさら反応のいい営業スタッフに偏ってしまうのも当然です。話しかけにくい態度をとる営業スタッフにかぎって「アイツばかりに話しかけて、社長はえこひいきしている」などと愚痴を言い出すのです。

「上司がなにもしてくれない」「自分だけ話しかけてもらえない」などと不満を持っている営業スタッフの方も少なくありません。

それは**上司やまわりの人が原因ではなく、自分が〝話しかけにくい雰囲気〟を醸し出していることが原因**なのかもしれないのです。これは改善する必要があります。

オンラインではリアルより目を合わせやすくなります。**しっかりとカメラを見てコミュニケーションが取れるように位置を工夫しましょう。**

意識して〝話しかけやすい雰囲気〟を心がければ、周りの人の接し方が変わってきます。

オンラインでのミーティングを録画してチェックする

テレワークでコミュニケーション力を向上させる最もいい方法があります。それは**〝オンラインでのやり取りを録画してチェックする〟**ということです。ほとんどのテレワークのツールには録画機能がついています。あとで内容を確認する時に便利なので、利用している人も多いでしょう。この際、**商談内容だけでなく、自分の姿も同時にチェックして欲しい**のです。

知人のBさんがオンラインで商談した際、録画してチェックしたことがあると話してくれました。商談のチェックを目的に見たものの、自分の話している姿を見て「なんて聞き取りにくい声で滑舌が悪いんだ……」と心底ガッカリしたと言います。**自分の声、話し方は〝自分で聞こえている声〟と〝間接的に聞こえる声〟が違って聞こえるもの**です。

私にも経験があります。研修先で録画してもらった動画を見たのですが、話が分かりにくく、声も聞き取りにくかったのです。その日は、立ち直れないくらいショックを受けたものです。

またBさんが話し方以上に気が付いたことは、会話の内容の8割が〝トラブルや摩擦の話、ネガティブな話題〟だったということです。自分の話を聞いて、気分が落ち込んだと言います。

無意識に話をすると「コロナウイルスの影響で倒産する会社が増えているようですよ」などとネガティブな内容になってしまいがちになります。ネガティブのネタの方が盛り上がりますし、共感しあえたりするものです。

しかし、それでは話がいい方向には進みません。

やはり**建設的でポジティブな内容の方がいい**のです。

ぜひ一度、オンラインの商談、コミュニケーションを録画してみてください。そして声、話し方、内容とチェックして欲しいのです。

これは今後のテレワーク活動の大きな学びになります。

こんな話し方をしていたのかぁー…
もっと工夫しないと…

オンライン商談では難しい専門用語は使わない

知り合いの招待で受講者としてオンラインセミナーに参加していた時のことです。そのセミナーは、基本編で非常に分かりやすいものでした。すでに知っている内容ばかりで、話を聞きながらも「もう少し突っ込んだ話を聞きたいなぁ」と感じたのです。セミナーが終わった後、この講師の方と話す機会がありました。

講師「どうでしたか？」
私「非常に分かりやすい話でしたね。ただもう少し突っ込んだ話も聞きたかったのですが」
講師「それはあえて言わなかったのですよ」
私「と言いますと？」
講師「受講者に〝これは難しい〟と思われたらダメなんです。**オンラインセミナーで**

は内容を簡潔に伝え、そのことを実行してもらうかどうかが重要なんです」

オンラインでは画面上のやり取りになるので、どうしてもリアルより理解度が落ちます。ですからあえて簡単な内容にして伝えていたというのです。

これはオンラインにおいて非常に重要です。もちろんリアルの営業活動でも同様のことが言えます。

ダメ営業スタッフ時代の私はお客様に対して専門用語を多用し、小難しい話をしていました。「当社のQ値、すなわち熱損失係数は一般木造と比較して低いですから、安心です」「建築基準法が改正されルールが変わっていますから、敷地について調査が必要です」などなど。

当時の私は**「専門用語を使い、プロっぽい話をしないといけない」と勘違い**していたのです。しかし、これは**完全に逆効果**でした。

私はお客様から**「この人、何言っているか分からない」**と思われてしまっていたのです。当然ですが、結果はまったく出ませんでした。

お客様に対して難しい話をしていないか一度チェックしてみましょう。

オンラインではリアル以上に伝わらなくなります。**「これは簡単すぎるのでは」と思うくらいでちょうどいい**です。こういった工夫をすることで話はずいぶんうまく進むようになります。

オンライン商談ではリアルで会う以上に深く聞き込む

オンラインでの商談、コミュニケーションはこちらが伝えたい内容が伝わりにくくなります。**リアルでは表情や熱意を伝えられますが、画面上では難しくなる**からです。内容を分かりやすくするなど、工夫が必要になってきます。**こちらの話が伝わりにくいということは、同じように相手の話も十分に理解しにくい**ということになります。

テレワーク営業で結果を出すには、今まで以上に〝**お客様から要望を聞き出す**〟ことが重要になってくるのです。

お客様へのヒアリングでは、おそらく次のような質問をイメージするでしょう。

・予算はいくらか、ローンを組むなら月々の払いはいくらまで
・用途、どんな使い方をするか
・いつ契約して、いつ納品するのか
・商品の要望（大きさ、色、材質）　などなど。

もちろんこういった基本的な項目も必要です。しかし、テレワーク営業で結果を出すためにはもう一歩踏み込んだ〝**ディープヒアリング**〟が不可欠になってくるのです。

トップ営業スタッフはリアル営業の時代からやってきたことで、**結果を出している人は例外なくこのディープヒアリングの技術を身につけています。**

トップ営業スタッフに質問リストを見せていただくことがあるのですが**「こんなことまで聞くの？」**というような内容が含まれています。提案するために必要な基本情報だけでなく**「なぜ、その予算なのか？」「どうしてその時期に必要なのか？」**という根幹を聞き込んでいきます。

さらには一流のトップ営業スタッフは〝**お客様の恐怖**〟を聞き込みます。

・どうなったら後悔するか
・何が最悪の事態か
・恐怖や怒りを覚えることは　などなど。

ここまで聞き込むからこそ的を射た提案ができるようになるのです。

オンライン商談では相手の意図や本心をつかみにくくなります。**質問内容をしっかりと吟味して、リアル商談以上に深く聞き込むようにしましょう。**

相手から本音を聞き出すための4ステップ

オンライン商談では、相手の表情の変化や貧乏ゆすりなどのちょっとした動作などを察知することができません。ですから今まで以上に深く聞き込む必要があるのです。

では、具体的にどのような手順を踏んで聞き込んでいけばよいのでしょうか？

私のトークの研修では〝ヒアリング4ステップ〟といった手法を紹介しています。**【承諾→質問→展開→確認】**といった方法です。ひとつひとつ説明していきます。

まず第1ステップの**【承諾】**では「これからいくつか質問させていただいてもよろしいでしょうか？」と許可を取ります。これでお客様は「これから質問が始まるんだな」と心の準備ができます。

第2ステップは質問リストから**【質問】**をしていくことです。質問リストの内容はまずは〝天気や趣味〟などの軽い内容から始まり、徐々に深い部分までしっかりとヒアリングしていくといいのです。

第3ステップは〝**【展開】トーク**〟です。これは非常に重要で、お客様が話したことに対して「それは○○ということでしょうか？」と話を広げていきます。ひとつの部分を掘り下げることで〝お客様の本心〟が見えてきます。

第4ステップは〝**【確認】トーク**〟です。今まで聞いたことを「今までお聞きしたことを確認させていただきます」といってひとつひとつ確認していきます。そのためにはもちろん、**聞いた内容をしっかりメモしておく**必要があります。

この4ステップを意識するとお客様から〝必要な要望〟を聞き取りやすくなるのです。慣れないうちはこのチャートを見ながらヒアリングしてみてください。

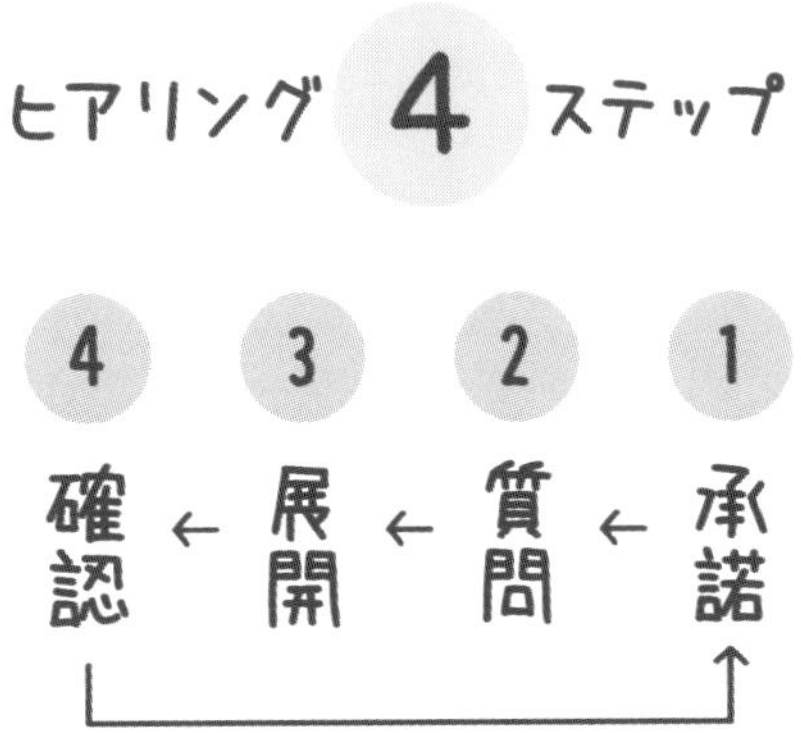

〝三人称〟の視点を意識したトークをする

トップ営業スタッフの方、結果を出している人と話をしていると「ある時、このトークが機能しなくなったことに気が付いた」といった話が出てきます。どんな優れたトークでも寿命があり、自分で間違いに気が付き、修正していく必要があるのです。

それができるのは、**自分を第三者の目線で見られる**からです。こういったことを**〝三人称の視点〟**と呼んでいます。

中学校の英語で「人称」について勉強したことがあると思います。第一人称は自分、第二人称はあなた、第三人称はその他です。この**三人称の視点を持つことで客観的になることができ、見える世界が変わる**のです。

一方、苦戦している営業スタッフは三人称の視点を持っていません。ですから、お客様の反応が悪くなっていても気がつかず使い続けます。こうして長いトンネルに入ってしまうのです。

オンライン商談、コミュニケーションでは相手の反応を読み取りにくくなります。ですから「この内容を話して、次はこれで、その次は……」と話すことだけでいっぱいになってしまいがちになります。こうなると相手の反応が悪いことにも気がつかず話を進めてしまうことになるのです。これではいくら商談の数をこなしても結果には結びつきません。

そうならないように、意識して〝三人称の視点〟を持つようにするといいのです。**自分とお客様が会話をしていて、もう1人誰かが見ている、といったイメージ**です。

そういった意識を持つだけでも多くの気づきを得ることができます。こちらは高等テクニックとして覚えておいてください。

「結論」→「理由、エピソード」の順番で話を組み立てる

私は今まで話し方や聞き方の本を数冊出してきました。その中で**「結論が先で理由が後」**ということを紹介しています。最初に「この件についてはこういう結果になりました」と結論を言い、そのあとで「その理由は……」と理由やワケを伝えるという形式です。これはコミュニケーションの基礎的なことでもあり、とくに忙しい上司に報告する際に効果を発揮します。

「まずは結論から」などという話は当たり前のことのように感じるかもしれませんが、実際のところ結論を先に話してくれる人は多くありません。というか、ほとんどいないのです。

私の知人Cさんのことです。Cさんの特徴は〝結論を言わず、エピソードからスタートする〟ことです。「いやぁ〜実はこんなことがあってね……」と始まります。

話を聞いているうちに本人も何を伝えたかったのか、分からなくなるのでしょう。口癖のように「あれ？　今なんの話だっけ？」となります。

Cさんの話はおもしろく、滑舌もよく聞き取りやすいのですが、結果的に「何を言っているか分からない人だ」という評価になってしまうのです。

コミュニケーションをとるうえで、エピソードを話すのはいいことです。しかし、本人も伝えたいことを忘れてしまうのでは、お互い時間の無駄になります。

リアルでのコミュニケーションでも分かりにくいのですから、これがテレワークでしたらどうでしょうか？　ますます伝わらなくなり、「こ

の人とは仕事はできないな」と思われてしまいます。

まずは、「結果はこうなりました」と結論を伝え、その上で理由、エピソードを伝えるようにしましょう。

リアルでもオンラインでも、やはり話し方は順番が重要なのです。

軽い話と価値のある話を適度にブレンドする

あなたのまわりに、話をしていて「この人とはストレスなく気持ちがよく話ができる」という人がいませんか？　こういった人とのコミュニケーションは心地がいいものです。

私の周りにも数人、こういったコミュニケーションが上手な人がいます。その方を思い浮かべてみて分かったのですが、その理由は**軽い話と価値のある話が絶妙にブレンドされている**からなのです。これは簡単なようで難しいのです。実際、その配合が偏っている人が少なくありません。

私の古くからの付き合いがある友達は、話していて楽しいものの、ほとんどが軽い話で充実感がありません。軽い話も時々でしたら気分転換になりますが……。

友達関係ならばいいですが、これがビジネスだったらどうでしょうか？　**軽い話の配分が多すぎると「この人と時間を過ごしても価値が無い」と思われてしまう**のです。

これとは逆に「難しい話ばかりだなぁ」という人もいらっしゃいます。こういった人はたいてい話し出すと長くなりますし、熱が入り、まったく口をはさめなくなったりします。内容自体はおもしろく、役には立つのですが、話をすればするほど疲れてしまうのです。

コミュニケーションをとっていて心地のいい人というのは〝軽い話〟と〝価値のある話〟のバランスがいいのです。こういった方と話をすると楽しいのはもちろんのこと、非常に充実した時間を過ごした気分になるのです。これはリアルだけでなくオンラインでのコミュニケーションでも言えます。

今後は、**〝軽い話〟と〝価値のある話〟のバランスを意識する**ようにしてみてください。

複数の人と同時に話を進める際はサッカーのMF（パスを出すポジション）を意識する

今は数少なくなりましたが、以前は研修後の打ち上げに必ず参加していたものです。理由は単純にアルコールが好きということもありますが、それ以上に営業スタッフの方と交流したいからです。最前線で戦っている営業スタッフの方と話をすることで、現場の空気感を味わうことができます。

実務的な内容も参考になりますが、その中でもトップ営業スタッフの方のコミュニケーションは非常に勉強になるのです。

トップ営業スタッフというと、〝面白い話題でまわりの人たちを圧倒する〟といったイメージを持つかもしれません。こういった饒舌なタイプももちろんいますが、それはごくわずかで、実際は意外なほど口数が少なかったりします。**目立たないのですが、時々おもしろいことを言う感じ**です。

トップ営業スタッフはトークより、とにかく〝場を回す〟のが上手です。まわりの空気を読んで「そういえば◯◯さんもそんなエピソードがありましたよね？」など最高のパスを送ります。会話の中心人物ではないものの、うまく周りを盛り上げるのです。

あるトップ営業スタッフから会話の秘訣を聞いたことがあります。

その秘訣とは**「ヨーロッパの強豪チームのＭＦ（ミッドフィルダー）のように振る舞うこと」**と教えてくれました。

私自身、サッカーに詳しくありませんが、ニュアンスは理解できます。優秀なＭＦは全体の動きを見ていいパスを出します。チーム全体を見渡して、味方の選手を活かすようにプレイします。その上、チャンスがくれば自分でゴールを決めたりもするのです。これが理想的なコミュニケーションの形だと言えます。

テレワークでのコミュニケーションは1対1だけではなく、4人、5人と同時にコミュニケーションを取ることもあります。こういった時は強引に自分が主役に躍り出る必要はありません。

複数でのコミュニケーションをとる際は、強豪サッカーチームのMFをイメージしてみましょう。**自分がゴールを決めることより「いかにいいパスが出せるか」と考えるのです。**このように意識を変えることで、テレワークでもリアルでも場が上手く回せるようになります。

話すことより ピントを合わせることを心がける

あなたのまわりに「ピントがズレた話をするなぁ」という人がいませんか？　話を

していて突然変なことを言い出すタイプです。場を和ませることもありますが、話の流れを止めてしまうのです。こういったタイプの人は、得てして自分が次にしたい話のことを考えているため、他の人の話が入ってきていません。だから、的外れな回答をしてしまうのです。

ある集まりでのことです。私のまわりの人たちと「ソフトボールをしていまして」と話をしていました。たまたま、私以外にソフトボールをやっている人がいて盛り上がっていました。そこへDさんが「菊原さんは何か運動をされていますか?」と質問してきたのです。

一瞬、場の空気が止まりました。Dさんは私たちの話をまったく聞いていなかったのです。

こういった雑談ならまだいいのですが、これが営業やビジネスでしたらどうでしょうか? **クライアントに対して1度でもピンボケな話をすれば、一気に信頼を失うの**です。

営業スタッフや仕事相手でも「何を聞いていたの？」と突っ込みたくなるような、質問をしてくる人がいます。話しながらも「できれば仕事をしたくない」と思いますし、仮に何か仕事をしたとしてもまず、うまく行かないでしょう。**的外れな質問をすればせっかくのチャンスを失う**ことになります。

オンラインでは伝えることより「相手の話をよく理解しよう」という意識を強く持つようにしましょう。

ピントを合わせて話を積み重ねていけば、ビジネスのチャンスは広がっています。

ソフトボールをしていまして…
ソフトボールをされているのですね！
ピントを合わせる

オンラインでの会話は自分2割、相手8割

突然ズレたことを言う人も困りますが、それ以上に厄介なのは〝一瞬で場をシラケさせる〟といった人です。仮に**何かを話した途端、場がシラケたということがよく起こるのでしたら、十分に気を付けなくてはなりません。**

私の趣味の仲間の1人に場をシラケさせる人がいます。基本的にこの手のタイプは**すべての話題を〝自分の話〟に持って行こうとします。**ヒアリング1割、トーク9割といったところでしょうか？

どんな話題にも口を出し、「あっ、その店なら俺も行ったことがあるよ」と人のネタを横取りします。気持ちよくしゃべった本人は気分もいいかもしれませんが、取られた方はストレスが溜まります。彼のまわりから1人消え、2人消えとどんどん離れていくのです。人と話をすればするほど孤立していく、というのはコミュニケーションにおいて最悪の状態です。

そうならないためにどうすればよいのでしょうか？

一番いい解決策は〝**その場にいる人について話題にする**〟ということです。例えばですが、その場にいる人に対して「○○さんは群馬県出身でしたよね。名産は何ですか？」などと質問すればいいのです。

オンラインではルームから退出しない限り、人が離れていくということはありません。しかし、画面の向こうで「またこの人の独壇場かぁ、もううんざりだよ」と思っているかもしれないのです。そうならないために大切なのは〝**自分の話2割、人の話を8割**〟**の比率を意識する**ことです。

オンラインでは「2割・8割のコミュニケーション原則」を守るようにしましょう。

リモートで結果を出すなら話の内容とテンポを合わせる

私は営業スタッフとして、またコンサルタントとして多くの方とお会いしてきました。一度お会いしただけで、「もうずいぶん前から知り合いだったような……」と錯覚するほど仲良くなる人がいます。

オンラインで話をした時のことです。打ち合わせが終わった後、なぜか〝酒での失敗談〟で盛り上がりました。私が2つほどエピソードを話すと、その方が「すご～くよくわかります。私もまったく同じ失敗をしていますから」と言ってくれたのです。このような共通点が見つかると親近感がわきます。5分程度のやり取りでしたが、一気に距離が縮まったのです。

このようにすぐに仲良くなる方もいますが、そうでない人もいます。例えば先ほどのお酒の失敗談の話になったとすれば「お酒を飲まない私には信じられません」と言ってみたり「私はそういったミスはしません」と言ったりする感じです。仕事ができたとしても「今後も仲よくしよう」とは思わないものです。

トップ営業スタッフ、結果を出している人は〝共感する力〟が非常に高い、といった特徴があります。**何かしら自分との共通点を見つけ「あ〜よくわかります。私も仲間ですよ」といった言い方をする**のです。なので、ちょっと苦手だったお客様もうまくコミュニケーションが取れるのです。

ただこれは、日頃からトレーニングが必要です。まずは身近な人とのコミュニケーションで共感の練習をしてみましょう。少し練習しただけでも随分と上達します。

また、**コミュニケーション能力が高い方は内容に共感するとともに相手のテンポに合わせる**といった特徴があります。話している相手のテンポが早ければ早めの受け答えを心がけますし、遅ければ間をしっかりとってゆっくり対応します。**自分と話すスピードが近いと、話をしていて心地がいい**のです。

話のテンポを合わせないと、話していて「あっ、すみません」というタイミングが何度もかぶったりします。またテンポが違うので「もう少し早く答えて欲しいな……」とちょっとしたストレスが溜まるのです。

相手に合わせて、話の内容とテンポを合わせる。ぜひ今日から意識してトレーニングしてみてください。

オンライン商談での上司の同行のポイント

営業活動で〝上司に同行してもらう〟というケースがあります。リアルの商談も上司の同行は簡単ではありませんが、オンライン商談になれば難度がさらに上がります。**いろいろと根回ししておく必要がある**のです。

オンラインでの打ち合わせでのことです。私と先方の会社の方、３人での打ち合わせでした。１人は担当者で20代の若い方、あと２人は40代くらいで、この担当者の上司の方でした。簡単な挨拶をして始めたものの、なかなかうまく話が進みません。変な沈黙が出来たり、話がかぶったりしながら、なんとか打ち合わせは出来たものの、非常にストレスが溜まったのです。

これは完全に根回し不足です。

リアルの上司の同行でしたら、空気感で「次は課長が話をするだろう」というのがだいたい分かるものです。しかし、オンラインになると〝そういった雰囲気〟を感じ取りにくくなります。ですから、話がスムーズに進まなくなるのです。

ではオンラインではどのようにすればよいのでしょうか？

オンラインで商談や打ち合わせをスムーズに進めたいのでしたら〝誰か何を言うか〟という役割がハッキリと決めておくといいのです。

・進行役と概略説明＝担当者
・内容の詳細説明＝技術担当
・金額と決済時期＝営業部長　などなど。

このようにしっかり決めておけば、変な沈黙があったり、話がかぶったり、ということが無くなります。相手にストレスを感じさせることなくスムーズに話が進むようになります。リアルの商談、打ち合わせなら〝流れで何とかなる〟といったこともありますが、テレワークでは難しいのです。

オンラインでの同行についてはしっかりと役割を決めて臨みましょう。

第3章

訪問できない時代は【営業レター】という最強の武器で売る

訪問できない時代は
営業レターでジャイアントキリングを起こせ

時代は一夜にして変わります。ほんの少し前まで「お客様のところに訪問するのは嫌だな」と思いながらやっていたことも、今は訪問したくてもできない状況になったのです。激動の時代の始まりです。

時代の変わり目は実はチャンスであり、ヒーローの交代の時期でもあります。今までトップとして君臨していた営業スタッフが影をひそめ、今までくすぶっていた営業スタッフがいきなり脚光を浴びるなんてことが当たり前のように起こるのです。

それを可能にするのがこの章で紹介する【営業レター】です。**営業レターこそテレワーク営業時代の成功へのパスポート**になるのです。

私はこの営業レターによって7年間どん底を味わった後、4年連続トップ営業スタッフになりました。トップになった私が凄いのではなく、営業レターという手法が凄いのです。

もしかしたら「営業レターは菊原さんだから使えたのであって、自分には無理なのでは」と思った方もいるかもしれません。

ご安心ください。**営業レターはとくに成功体験が無くても十分活用できます**。なぜ、自信を持って言えるかというと、私が身をもって体験してきたからです。

私自身、過去の成功体験はほとんどありません。例えばですが、小学生からやっていた野球はずっと補欠で、中学の時は一度も試合に出られませんでした。勉強も中途半端ですし、誇れる成績ではありません。どう思い返しても「この分野に関しては結果を出したなぁ」という経験がないのです。

何もなくても結果が出せるのが営業レターの強みです。営業レターなしでは今の私はありませんし、ダメ営業スタッフから抜け出すことも無かったでしょう。

この時代に最もマッチしており、最強のノウハウである営業レターをお伝えできることを嬉しく思います。

さあ、逆転の時がきました。あなたも営業レターという最強のツールを使って、テレワーク営業時代でジャイアントキリングを起こしてください。

営業レターは満足度が高く紹介もしてくれる最高のお客様を生み出す

私は20年ほど前からテレワーク営業をしています。当時は訪問全盛の時代でしたが、どの手法もダメで、消去法で営業レターにたどり着いたという感じです。結果的にですが、**コミュニケーション能力の低さが幸いした**のです。

ダメ営業スタッフ時代はアポなし訪問やテレアポを中心とした営業活動をしていました。ダイレクトメールなども送っていたものの〝商品のメリット〟や〝キャンペーン情報〟ばかりです。**こういった内容が役立つのは2割のすぐ検討しているお客様だけで、8割の少し先で考えているお客様にはあまり役立ちません。**「すぐ検討しているお客様に響くのだからいいじゃないか」と思うかもしれませんが、この手のお客様はライバル会社であふれかえっています。この中で勝負して勝つのは至難の業なのです。いくら頑張って商談をしても、たいていは「今回は縁がなかったということで」とお断りされます。時には見積りを出した途端、連絡がまったくつかなくなるお客様も……。人間不信にもなりましたし、心も体も疲弊していったのです。

そこで私は作戦変更します。8割の少し先で考えているお客様に対して〝お客様の後悔している例、失敗例〟を送るようにしました。

過去のお客様の失敗例であれば、かなり先で考えているお客様でも参考になります。

このようにやり方を変えたところ、徐々に結果が出るようになったのです。結果が出るようになって一番驚いたのは、お客様との関係性です。今までは〝お客様が上で営業スタッフが下〟という関係でした。値引き要求もキツイですし、契約後もあれこれとクレームをつけられたものです。しかし**営業レターで関係構築したお客様は競合も少なく無理な値引きも要求されません。満足度も高く、紹介もよく出る最高のお客様を生み出してくれた**のです。

営業レターを送り続けてから商談をする、と聞くと時間がかかるように感じるかもしれませんが、実際は逆で、**働く時間が短くなったうえに、今までの4倍以上の契約を取ることができた**のです。

短期間で数字を上げようとするのではなく、じわじわ上がっていくことを心がけましょう。その方が結果的に効率よく結果を出せるのです。

ザイアンスの法則を活用しているのは100人に1人か2人しかいない

あなたは「ザイアンスの法則」をご存じでしょうか？

営業心理術を学んだことがある方はよく知っていると思います。**ザイアンスの法則とは、〝繰り返し接することで好意度や印象が高まる〟という効果**のことです。

営業レターの根幹部分はザイアンスの法則から成り立っているのです。ザイアンスの法則は私の知る限り、**最強の営業心理術**と確信しています。

それを聞いて「あぁ、ザイアンスね。前から知っているよ」と軽い感じに捉える人は少なくありません。ただ、実際はザイアンスの法則をしっかり使いこなしている人はほとんどいません。

例えば交流会などで名刺交換をしたとします。名刺交換をしてお礼メールを送ってくれる人が全体の2割程度です。2回以上送ってくれる方はほぼいないのです。独立してから今まで15年近く様々な方と名刺交換をしてきましたが、**複数回接触してくれる方は〝100人に1人か2人〟**くらいでしょうか。

これは営業活動でも同じで、**複数回接触してくる営業スタッフはほぼいない**のです。営業レターはハガキから始まり、お役立ち情報を数回送ります（80ページの図参照）。**多くの営業スタッフが1回の接触で諦める中、4回、5回と接点を持ってくる営業スタッフは間違いなく印象に残ります**。これは間違いありません。

研修や講演で営業レターの話をすると「実際にお会いしていないのに、本当に信頼関係が構築できるのですか？」という質問をいただきます。

ザイアンスの法則は接触頻度で決まってきます。これは実際に会わない場合でも同じような効果を得られるのです。

例えばですが、私のブログやfacebookに毎日コメントをいただだたり、メッセージを送ってくれたりする方たちがいらっしゃいます。本当にありがたいことです。その中にはまだ一度も会ったことがない人もいるのですが、他人とは思えませんし、「ぜひ一度お会いしてみたい」と思います。こういった方たちと実際お会いすることもあ

ります が、初対面にも関わらず〝10年来の友人〟のような関係になります。**テレワーク営業時代はお客様とリアルにアプローチしにくくなります**。

営業レターを活用し、接触機会をどんどん増やしましょう。**実際に顔を合わせなくても十分、信頼関係を構築することができる**のです。

営業レターを送る代表的なスケジュール

営業レターはテレワーク時代の最強のツールだと考えております。ではその代表的なスケジュールについて説明します。業種や扱っている商品によって異なりますが、営業レターをスタートしたら**1ヵ月以内に3〜4回送るとよい**でしょう。

はじめてお会いした場合、当日もしくは翌日に**〝お礼ハガキ〟**を出します。その際、面談のお礼と〝3日後にお役立ち情報が届きます〟と**レターの予告**をしておくのです。すでに関係性ができているお客様に関しては「このたび、○○をご検討するにあたりお役に立つ資料を作りました。3日後にお届けします」と伝えておけばいいでしょう。

そこから1週間～10日おきにお役立ち情報を3回に分けてNo.1～No.3までレターを送ります。**デジタルツールを活用する方は〝ハガキを出したら、その後はメールとアナログで交互に送る〟というようにアレンジしてもらってもかまいません。**

ハガキとお役立ち情報を合計して4回送ったところで、「今後も必要ですか?」と**継続の意思を確認**します。「必要ない」というお客様はここで送るのをストップし、継続する方に対しては送るペースを1ヵ月に一度に落とし、**半年間～1年間フォローを続ける**のです。

見込みが薄いお客様に対して2回以上接触してくる営業スタッフはほぼいません。**お会いしてそこで終わりの営業スタッフ、1ヵ月、3ヵ月、半年、1年とお役立**

ち情報を送ってくれる営業スタッフ、どちらに声がかかるでしょうか？

もちろん後者の営業スタッフです。そもそも前者の営業スタッフはお客様の記憶から消えていますから声がかかることはありません。

営業レターで定期的に接触して、検討段階になった時、真っ先に思い出してもらえる存在になりましょう。

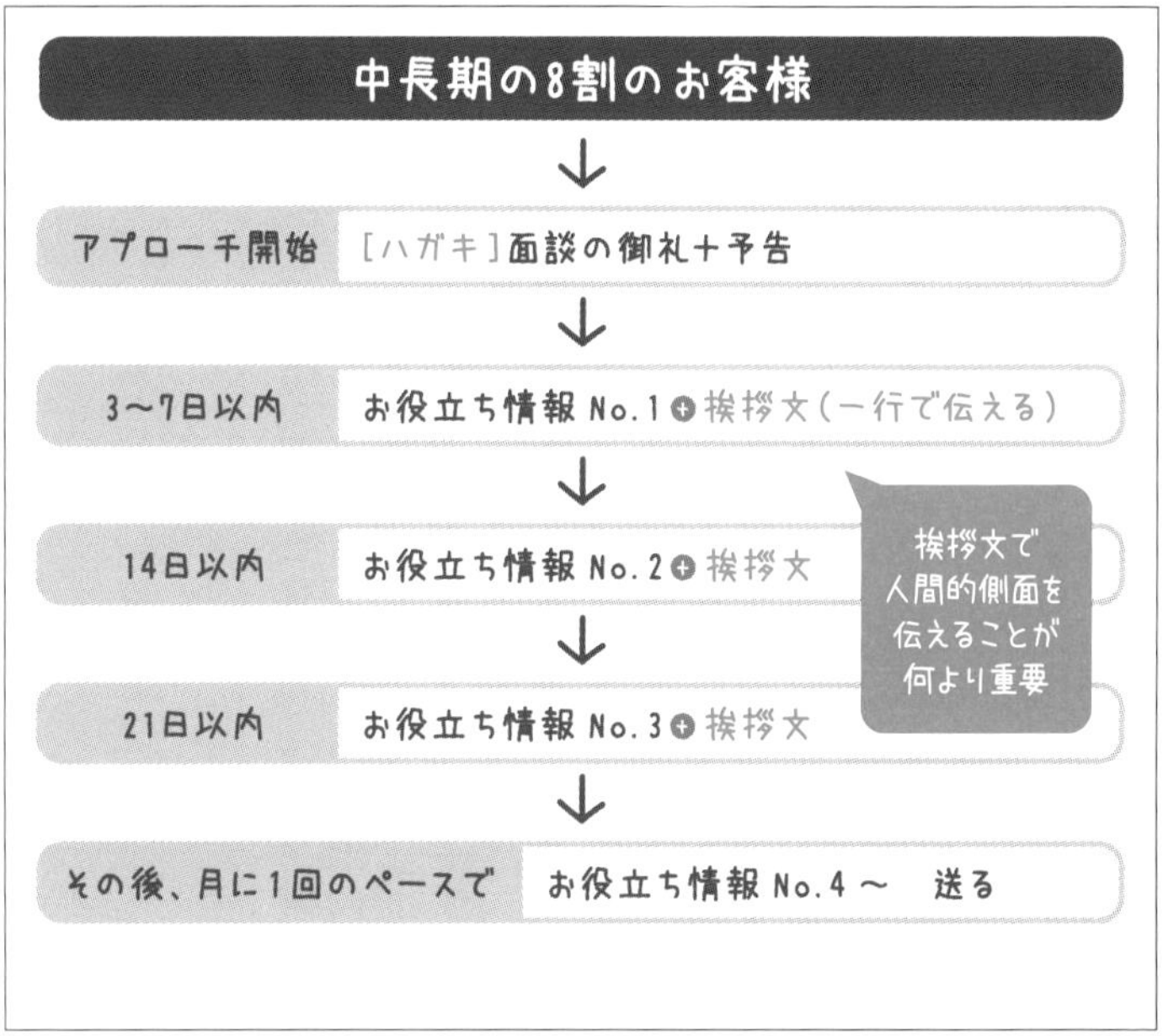

営業レター最大のポイントは顔写真を載せる、そして人柄を伝えること

営業レターにとって最も重要なのは、ズバリ顔写真をつけることです。他の要素をどれだけ工夫したとしても、顔写真が無ければ営業レターの効果は激減します。**誰が送っているかが伝わらなければ、結果は出ない**のです。お役立ち情報に同封する挨拶文に必ず顔写真を載せるようにしてください。

そして、もう1つ重要なポイントがあります。それは **〝人柄が伝わる一文を入れる〟** ということです。お客様はどこの誰だか分からない人には声をかけません。「株式会社○○の菊原です」と3回レターを送ったとしても、〝ただの営業スタッフ〟としか伝わらないのです。これでは何通送ったとしてもたいした効果は見込めません。

だからといって長文の自己紹介文を送りつけたらどうでしょうか？　さすがに最初から最後まで読んでくれるという暇な人はいないでしょう。しかし、**忙しいお客様でも1行でしたら付き合ってくれます。**

ポイントは**自分を伝える文章を1行目にする**ということです。

「お客様からの〝担当が山田さんでよかった〟と言われるのが何より嬉しい山田です」

「気がつけばいつも仕事のことを考えてしまう山田です」

「最近、朝活を始めた山田です」などなど。

「私は信頼における人間です」というメッセージを少しずつ伝えていくのです。これが伝われば、お客様から声がかかる確率が上がります。

この**1行1行がボディブローのように生きていき、お客様の方から声をかけてくれるようになる**のです。

効果的な挨拶文例（いい例）

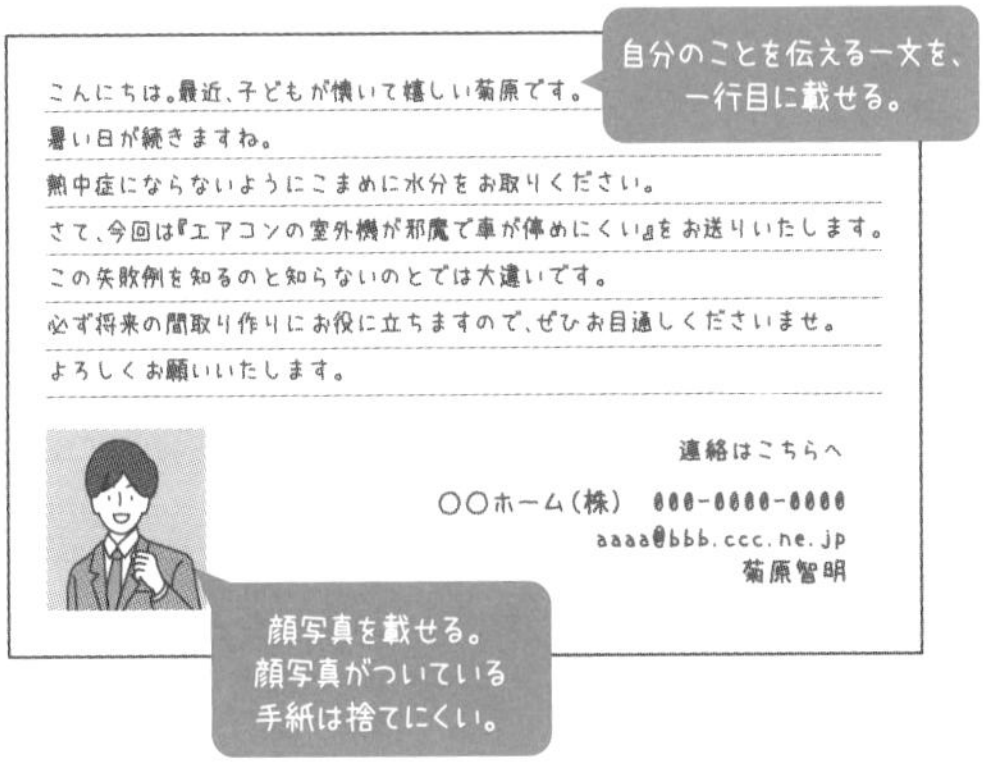
自分のことを伝える一文を、一行目に載せる。
顔写真を載せる。顔写真がついている手紙は捨てにくい。

こんにちは。最近、子どもが懐いて嬉しい菊原です。

暑い日が続きますね。

熱中症にならないようにこまめに水分をお取りください。

さて、今回は『エアコンの室外機が邪魔で車が停めにくい』をお送りいたします。

この失敗例を知るのと知らないのとでは大違いです。

必ず将来の間取り作りにお役に立ちますので、ぜひお目通しくださいませ。

よろしくお願いいたします。

連絡はこちらへ

〇〇ホーム（株）　000-0000-0000

aaaa@bbb.ccc.ne.jp

菊原智明

挨拶文をジャブ、ジャブ、ストレートの感じで送ってみる

営業レターの目的は〝お客様と信頼関係を構築する〟ということです。お客様に対してお役立ち情報を送ることも大切ですが、それ以上に**〝挨拶文で信頼性を伝えること〟が何より重要**になってきます。

営業レターの研修では**「はじめの3回は厳選してベストスリーを送ってください」**と伝えています。

・お客様のことを本気で考えている
・会社側ではなくお客様サイドの人間である
・購入したお客様からの満足度が高い
・お客様に最良の提案ができるように常に勉強している　　などなど。

挨拶文によって「私は信頼できる人間です」と伝えるといいのです。

では、それ以降はどのようにすればよいのでしょうか？　その後は少しくだけた感じの内容を送ってもいいのです。

長い付き合いの営業スタッフの方から教えてもらったことがあります。営業レター歴10年のベテランで、テレワーク営業でもしっかりと結果を出しています。この方から、挨拶文の効果的な送り方について**「ジャブ、ジャブ、ストレートの感じで送るといい」**と教えてもらったのです。

まずは「最近、家ご飯にハマっている」「ジグソーパズルにハマっている」といった軽い感じのジャブから入ります。それから「お客様のことを真剣に考える……」といったストレートなものを伝えるというのです。このようなやり方が合うキャラクターの方もいらっしゃいます。

こういった意見を総合して考えると〝**はじめの3回を一番伝えたい内容にし、その後はいろいろな内**

容を混ぜていく〟といった感じがベストです。

挨拶文でいろいろな緩急をつけて、あなたのことをより魅力的に伝えましょう。

お役立ち情報は
この2つのポイントを押さえよ

営業レターはお客様が本当の意味で役立つ情報をシリーズ化して送ります。これをお役立ち情報というのですが、ポイントについてご説明します。

あなたが扱っている商品には必ず〝購入する前に知りたかった〟ということがあるはずです。それをこれから購入する予定のお客様に分かりやすく伝えて欲しいのです。

お役立ち情報には2つのポイントがあります。

1.【問題点】と【解決策】に分ける

2.お客様が3秒で理解できるようにしておく

扱っている商品によっては「満足例」を提供する場合もありますが、基本的に**お役立ち情報は他のお客様からのクレーム例、失敗例を伝えます。**

ただし〝こんな失敗がありました〟と事例を伝えるだけはお客様が不安になります。

そうならないように**問題点と解決様をセットにして送る**のです。

もう1つのポイントは〝3秒ルール〟というもので、**お客様が営業レターに興味を示す時間は3秒しかない**ということです。

今はたくさんのライバル（ネット、テレビ、SNS）が存在していますから、送った営業レターをじっくりは読んでもらえません。**3秒以内に「この内容が必要だ」と分**

お役立ち情報のポイント

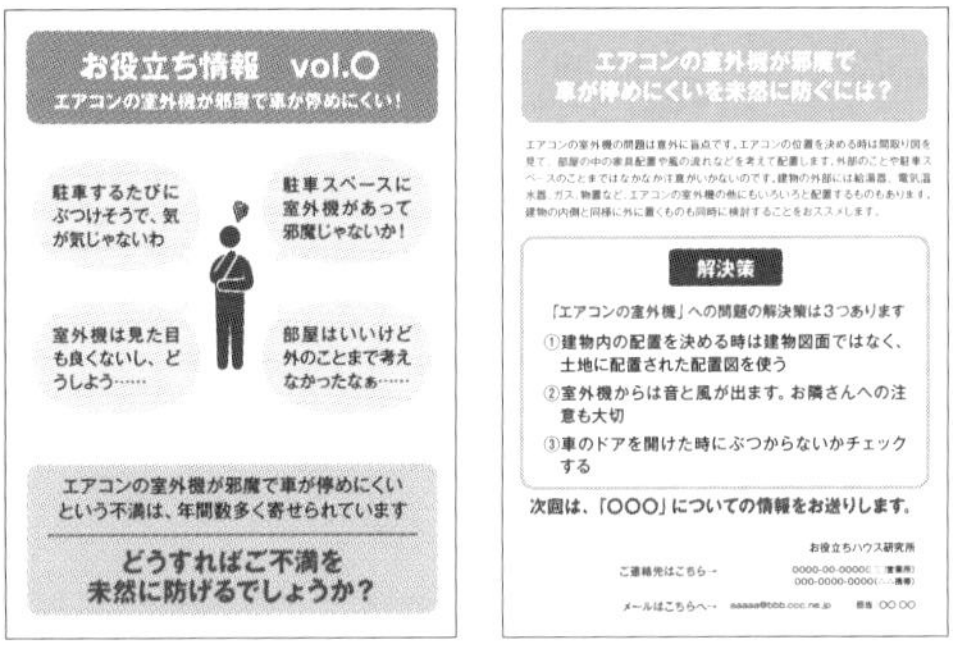

❶【問題点】と【解決策】に分ける
❷お客様が3秒で理解できるようにしておく

かるように作り込んでいくといいのです。

【問題点】は文字を極力減らし、イラストや写真などで伝える工夫が必要です。

この2つのポイントを押さえていただければ、あとはどのようにアレンジしていただいても構いません。

「これだけはどうしても知ってほしい」という情報がお客様の心を動かす

ここまで営業レターの必要性、スケジュール（頻度）、挨拶文、お役立ち情報とご紹介してきました。本当に価値のある営業スタッフが必要とされるテレワーク時代に、ピッタリなツールだと感じていただけたでしょう。

では、ここからは営業レターの作成のポイント、メンタリティ、注意点といった、一歩踏み込んだ内容についてお話しします。

先ほどの項目で**「お役立ち情報の内容はクレーム例、失敗例がいい」**といった話をしました。これは私自身がお客様の立場として体験したことで、自分の家を建てる際に「これこそ本当に必要な情報だ」と強く感じたのです。**他の人の満足例はサッと読み飛ばしたのにも関わらず、クレーム例や失敗例は食い入るように読み漁りました。**

当時、本を読まなかった私があそこまで真剣に読んだのですから、本当に価値がある情報だったのです。

生物には**「快楽より苦痛を避けることを優先する」**といった機能が備わっています。生き延びる方を優先させるからです。生物学的にみてもお役立ち情報はクレーム例、失敗例の方が興味を引きます。

この情報を編集して送っていたのですが、作成する際、非常に大切なメンタリティがあります。それは**「自分から買わなくてもいい、でもこれだけはどうしても知って欲しい」と心から思う**ということです。こういった内容はお客様の心を動かします。

このような内容の営業レターを送ったところ、多くのお客様から「こんな情報を送ってくれる人でしたら安心できると思いました」と言われるようになったのです。

あなたの扱っている商品でも「購入する前に、これだけは知っておいてもらいたい」といった内容があるはずです。誰しも**本当の意味で役立つ情報を提供して欲しい**のです。

ここで補足です。会社によっては「許可なしに商品情報を勝手に送れない」という場合もあります。こうなると営業レターを実行する際のブロックになってしまいます。

その場合はクレーム例、失敗例に固執しなくて構いません。**営業レターはお客様に長期間アプローチして、信頼関係を構築するのが最大の目的**になります。**シンプルに役立つこと（健康法、収納術、料理のレシピなど）を伝える**ことでいいのです。

ケース・バイ・ケースで柔軟に考えていただいて結構です。

テレワーク営業では相手にどうして欲しいのかを明確に伝える

あなたのまわりで「何を言いたいのか分からない」といったメッセージを送ってく

るタイプの人がいませんか?

私の知り合いに数人いるのですが、こういった方たちからメッセージをいただいても「私はどうしたらいいの?」と、いつも迷うのです。いい人なのですが、一緒に仕事をする気にはなれません。

これはテレワーク営業ではとくに注意が必要です。

基本的に営業レターは定期的にお役立ち情報を送るものなのですが、その中にレスポンス型(お客様から反応を得る内容)を同封することもあります。
・参考資料があります
・勉強会に参加しませんか?
・無料サンプルを差し上げます　　などなど
様々なオファーでお客様に呼びかけます。タイミングが合えばお客様から連絡をいただけます。

しかし、実際営業スタッフの方が作ったものをチェックさせていただくと「これってどう反応すればいいのか?」と思ったり「これじゃ、請求方法が分からないだろうな」と感じたりする内容のものも少なくないのです。

レスポンス型の営業レターを作成したら、まずは**「お客様がこれを見て迷わないか？」**という観点で一度チェックして欲しいのです。

・請求方法をわかりやすく提示しているか？（電話、メール、SNS、FAXなどなど）
・時間（電話なら○時～○時まで、メールは24時間など）
・送付方法（郵送なのか、データで送られるのか）
・請求した後はどうなるか？　などなど。

以上のような観点でチェックしてみてください。

もし可能でしたら、身近な人に見てもらい率直な意見を聞くのもいいでしょう。

曖昧な点がクリアになったとたん、反応率はぐっと高くなります。

お客様の検討度が上がった時、一番奪われる危険性が高まる

営業レターを送って長期フォローをしていれば、お客様が検討段階になった時に一番に声をかけてもらえるようになります。お客様から「商品購入の件で相談したいのですが」と連絡が入れば、話は一気に進むものです。

ただし、注意点があります。**お客様の検討度が上がったということは、その商品に関するアンテナも高くなります。**ということは、ネット情報などの今までまったく気にも留めなかった情報を敏感にキャッチするようになるということです。ほんのちょっとした情報をきっかけに、サッと奪われたりするのです。

これをお客様の立場として自ら体験したことがあります。

前々から10万円クラスの高性能のミキサーが欲しいと思っていました。ただ普通のミキサーは持っていましたし、ちょっと高いので先延ばしにしていたのです。

そんな時、友人から「○○というミキサーを買いましてね、すごくいいですよ」という話を聞いたのです。こういった口コミ情報は影響力が大きく、いっきに購買意欲が上がります。さっそくその商品を購入しようとネットで探していたのですが、購入したのは別のミキサーでした。それも検索している際に偶然出てきた広告に引っ張られ、一瞬にして気持ちが変わってしまったのです。

これが情報化時代の怖いところです。**購入直前の人の気持ちは変わりやすい**、ということを実感したのです。

営業レターで長期間フォローして、お客様は「この営業スタッフなら信頼できる」とほぼ決めている場合もよくあります。今まで体験したことがないほどスムーズに話が進んだりします。

しかし、ここで油断してはなりません。**「まあ、決まるだろう」と気を抜けば一気に他社に奪い取られる**ことになります。そうならないように、ここでしっかりとフォローして欲しいのです。

商談が終わったら、野放しにせず、その商談に見合った資料や議事録を送ります。

また「この商品にどれだけの思い入れがあるか」を書いた内容をメールではなく、手紙を送っても効果があります。テレワーク商談であれば、商談が終わった翌日にデータや資料を送ることもできます。

営業レターでお客様と信頼関係を構築してせっかく商談まで進めたのです。**最後の最後まで気を抜かないようにしましょう。**

お客様の背中をそっと押してあげる方法

この章では営業レターについてお話ししてきました。ここから少しだけクロージングについてお話しさせてください。

どんなに商談がいい線まで進んでも、最後の最後で「いろいろと参考になりました。またこちらから連絡しますね」と言って逃げられたら意味がありません。営業レターで関係構築したお客様とはしっかりと契約を結んで欲しいのです。

多くのお客様は欲しいものは自分で選び、自分で決めたいと考えています。しかし、**最後はその道のプロから「お客様の場合こちらの商品がいいと思いますよ」とそっと背中を押して欲しいと思っている**のです。

新しいパソコンを買おうと地元の家電量販店に行った時のことです。

担当してもらった店員さんは若い方で、非常に丁寧に私の質問にも感じよく答えてくれます。ただ、話がマニアック過ぎて、聞けば聞くほど「どれを買ったらいいのか……」と迷ってしまったのです。丁寧に接客してくれたこともあり、できればこの店員さんから買ってあげたいと思い、「私の場合どれがいいですかね」と質問しました。

すると、店員さんは「最終的にはお客様の好みになりますね」と言ってきたのです。

私としてはその店員さんに**「お客様の場合、A商品がいいと思いますよ」と言って欲しかった**ですね。そうすれば、その場で間違いなく購入したでしょう。

結局、何を買っていいか分からなくなり、購入を見送ったのです。「しっかりとクロージングすればいいのに」と実にもったいなく感じました。

営業レターで信頼関係を構築したあなたはプロとして頼られています。**お客様の意**

思を尊重するのもいいですが、やはり最後は「お客様の場合こちらがおススメです」と自信をもって言って欲しいのです。お客様はその一言を待っていたりします。

リアルでもテレワークでも最後はバシッと決めてください。

トップ営業スタッフのお客様の意思の固め方

まだ検討段階が低いうちから丁寧にフォローしてくれる営業スタッフは、ほとんどいません。この段階から営業レターを送っておけば、他の営業スタッフとは比べ物にならないくらいの信頼関係を構築できます。そのうえで「これがおススメです」とそっと背中を押せば、高確率で決まるものです。

この流れだけで充分なのですが、ここでクロージング上級編についてご紹介します。

商品によっては、当てはまらない場合もあるので、参考程度に読んでいただくのでも結構です。

不動産賃貸のトップ営業スタッフとお会いした時のことです。ちょっと変わったクロージング方法について教えてもらいました。お客様に物件を案内し、気に入ってもらったとします。お客様が決めるという意思を見せたら「その前にもう一度見に行ってください」と言うというのです。

この話を聞いた時は「せっかく決めようとしているお客様になんてことを言うのか」と思いました。

このトップ営業スタッフは「これでお客様の意思の強さを確認しているんです」といいます。賃貸物件では完全にお客様の意志が固まっていないと契約前日にキャンセルになる場合もあるといいます。これだと大家さんに迷惑をかけてしまいます。あとでトラブルにならないよう、そしてしっかり意志を固めさせるためにやっていると言うのです。

できる営業スタッフはクロージング段階になった際、「これで本当にいいのか」と、しっかりとお客様の意思を確認します。

お客様が決めようとしていても、「こちらのスペックで本当によろしいでしょうか？」「決める前に相談する方はいらっしゃいますか？」「他に気になっている点はありませんか？」などの質問を繰り返していきます。

不安要素をつぶしていくためです。こうしておけば、あとあとトラブルになったり、キャンセルになったりが無くなります。

できる営業スタッフはクロージングを焦らず、お客様の意思をしっかりと固めます。

これもぜひ覚えておいてください。

営業レターとデジタルツールをハイブリッドさせる

この章ではテレワーク時代の最強のツールとして、営業レターについてお話ししてきました。訪問したくてもできないテレワーク営業時代になった今、**営業スタッフとして生き残れるかどうかは〝お客様を育てるツール〟を持っているかどうかにかかってきます。**

ここまで読んでいただければ、直接お会いしなくてもお客様と関係が構築できると感じていただけたのではないかと思います。

営業レターの話を聞いて「アナログな郵送物よりメールやSNSのデジタルツールの方がいいのでは？」と思った方もいるでしょう。メールやSNSでしたらほぼ無料です。素晴らしいコミュニケーションツールであることは間違いありません。ただ、使い方には注意が必要です。

一番の問題点はデジタルツールが飽和状態にあるということです。

あなたのメールボックスには1日にたくさんメールが届くでしょうし、様々なSNSから頻繁に通知があると思います。この状態でお客様にアプローチをしても、**かなりの工夫をしない限り、埋もれてしまう確率が高い**のです。どんな世界でもライバルの多いレッドオーシャンで勝ち抜くのは簡単ではありません。

その点、**リアル媒体のハガキ、手紙を活用する人は少なくなりました。届いて1日に1～2通でしょう。ここまでライバルが少なくなれば有利です。**

またハガキや手紙をまったく読まないで捨てる人は少ないものです。手に取れば「誰から届いたのかな？」と宛名を見ますし、「何が書いてあるのだろう？」とチラッとは読んだりします。この時点でアドバンテージが取れるのです。

レッドオーシャンのデジタルツールで埋もれるのではなく、ブルーオーシャンの営業レターで戦う、その方が利口な戦略だと思います。

ただ、私はデジタルツールを否定しているわけではありません。

私が付き合っているトップ営業スタッフは、リアルとデジタルを上手にハイブリッドさせています。**本命のお客様はリアルツール、それ以外のお客様はデジタルツールと分けてもいいでしょう。**

テレワーク営業では当然デジタルツールの使い方もキーポイントになります。

デジタルツールの使い方については4章で詳しくお伝えします。楽しみに読み進めてください。

第4章

テレワーク時代の必須ツール、SNS・メール活用法

インタラクティブ（双方性）のメリットとデメリット

リアルツールとデジタルツールの大きな違いは、デジタルは圧倒的にインタラクティブ性（双方向性）が高いということです。もちろんリアルツールである手紙もやり取りは出来ます。しかし、デジタルツールはレスポンス・スピードが比べ物にならないくらいの早さです。〝既読無視〟という言葉があるくらい、読んだらすぐに反応するものなのです。

これは既に関係が構築できているお客様、契約済みのお客様に対しては非常に便利です。スピード・ビジネス時代にこれを使わない手はないでしょう。スピード感が最大のメリットですが、使い方には十分注意しないとなりません。

知り合いの営業スタッフで、健康系のお役立ち情報をメールで送ってくれる方がいます。ある時、〝疲れもとれて自然に痩せるものを発見した〟という魅力的なタイトルにひかれて「それは何ですか？」と返信したことがありました。すると、「よし、ひっかかったぞ！」と言わんばかりにすぐにメールが返ってきます。聞いてみたところ、いわゆるサプリメントでした。

ここまでは良かったのですが、同時にここからやり取りが始まります。売り込みがスタートしたのです。こちらが終わらせようとしても、なかなか終結しませんん。最後の方は「あぁ、返信するんじゃなかった……」と後悔したのです。

メール、SNSを活用するのはいいことです。しかしながら、**エサをまいて釣り上げるような使い方をすると、マイナス効果を及ぼします。**

メールのコミュニケーションでも人柄は分かってしまうものです。相手のことを十分考えて活用するようにしましょう。

令和はスローレスポンスの人は絶滅する

ＳＮＳの発達によりレスポンスが速い人が増えたと感じています。メッセージを送れば、その場で返事が返ってくることもありますし、数分で返信が返ってくるのが当たり前になりました。あなたも日常的にそんな素早いやり取りをしているでしょう。

ほんの少し前まで〝仕事相手にメールを送って２日間返事を待つ〟なんてこともよくありました。しかし、気がつけばそういったのんびりしたやり取りは少なくなったものです。

これは若い人とのやり取りだけではありません。私の両親（70代）でさえＳＮＳで仲間と素早く連絡を取っています。いつの間にか世間は格段にスピードアップしているのです。

私の仲間でごくわずかですが「ＳＮＳなんて使わない方がいい」と頑なに利用していない人がいます。そういった類の人たちはレスポンスが悪く、どうしてもやりとりがワンテンポ遅れます。SNSのグループに入っていないので、いちいち個別で連絡を取らなくてはならないからです。だからどうしても面倒になってしまい、何かをする際も「彼は今度でいいか」とスルーしてしまうようになるのです。5回が4回、4回が3回、3回が2回……。ジワジワとコミュニケーションをとらなくなり疎遠になっていきます。仲間からいつの間にか外されていくのです。

これは**プライベートの付き合いでも困りますが、ビジネスだったら恐怖でしかありません**。自分が気づかないうちにじわじわと声がかからなくなり、気づけば仕事が無くなるのですから……。

以前、よくお付き合いしていた編集関係の方がいらっしゃいました。その方はいい仕事をするのですが、レスポンスがよくありません。SNSも利用していませんし、他の作業に没頭している時はしばらく返信が無いのです。いつの間にか、この方に仕事を依頼しなくなり、今では疎遠になっています。私以外の著者も付き合っているという話をあまり聞きません。

いつの間にか世間はスピードアップしています。

これからの時代はスローレスポンスの人は生き残れません。時代の流れは思っている以上に早いのです。

これからはデジタルツールがビジネスの中心になっていく

先ほど、「スローレスポンスの人は生き残れない」といった話をしました。

ダーウィンの「強い者が生き残るのではなく、変化するものが生き残る」ということを常に忘れてはならないのです。

ほんの少し前までは仕事の依頼は電話やメールが主で、ＳＮＳはサブ的な存在でした。当時はＳＮＳで仕事の依頼がくると「なんか軽く思われているなぁ……」などと感じることもありました。

しかし、**今は仕事に関する依頼の8割以上はメッセンジャー、チャットワーク、LINEになっています。**若い営業スタッフはお客様と当たり前のようにLINEでやり取りをしています。お客様もそれを望んでいるのですから、何も問題はありませんし、自然の流れです。

また今やテレワークの打ち合わせが9割以上を占めています。時々、「御社にお伺いして説明します」もしくは「こちらにお越しいただいて打ち合わせしましょう」と言われます。以前は普通だったのですが、最近はそうお願いされると「移動時間がもったいない」と思ってしまいます。

あっという間に時代が変わったのです。

今後テレワーク営業時代に「私はSNSを使っていませんので」もしくは「Zoom

SNSとZoomはやってないです
うーん…この人じゃ話にならない…

は苦手でして」とお客様に言ったらどうでしょうか？

お客様はまるで昭和にタイムスリップしたような気分になるでしょう。これだけで**「この人じゃ話にならない、他の人に頼もう」**となってしまうのです。

ここ最近で一気にデジタルツールが発展し、仕事のスピードは加速しました。

デジタルツールの利用は好き嫌いの問題ではありません。これからは仕事をする上で必須のアイテムになるのです。

今の若い方はメールの送り方を知らないし利用していない

デジタルツールはこれから必須のツールになります。ただし、諸刃の剣で使い方には注意が必要です。歴史が浅いツールには、きちんとしたルールやマナーがまだまだ確立していません。

また世代間ギャップが非常に大きいのです。**利用するうえでのマナーや世代間**

ギャップをよく認識していないと、デジタルツールで損をしてしまうことになります。これは気を付けなくてはなりません。

私は毎週、大学生にオンラインもしくはリアルでビジネスマナーや営業の授業をしています。授業の合間に20歳前後の若者とよく雑談をするのですが、やはりいろいろな感覚の違いに驚かされます。学生たちは、よほど緊急でない限りSNSで用件を済ませます。一昔前の学生のように〝暇だから電話する〟といった感覚は無いのです。これは学生だけでなく、40代以降の方たちもそうかもしれません。

それよりも驚いたのは**大半の学生は「メールの送り方を知らない」**ということです。私の授業では毎回課題を出して、それをメールで送ってもらうようにしていますが、「SNSは毎日使っているが、メールはほとんど使ったことが無い」というのです。ということは「若い人に役立つようにメルマガで情報発信しよう」としても、彼らには届かないということになります。

これからの時代、若い人のスタイルを理解しておかないと、どんなに頑張っても結

果が出ない、ということになるのです。

お互いに、このようなギャップを埋めていく作業が必要です。

学生側の注意点ですが、学生感覚のまま社会人生活に入ってしまうと、どうしてもミス・コミュニケーションが起こります。新入社員が遅刻や休みをＳＮＳで伝えてきた、ミスをクライアントにＳＮＳで謝罪した、などは新入社員のあるある話です。

あなたが上司であれば

・遅刻や休みはＳＮＳ↓直接上司に電話連絡する

・ミスをＳＮＳで謝罪↓まず電話で謝り、その後直接謝罪に行く

というルールをしっかり伝えておく必要があります。

テレワーク営業をするうえで注意していただきたいのは、**デジタルツールは世代間ギャップが大きい**ということです。

このあたりをよく理解した上で活用するようにしましょう。

ビジネスのやり取りはメールとSNSどちらがいいのか？

お客様やクライアントにメッセージを送るとします。メールとSNSのどちらでもいい場合、あなたはどちらを選択するでしょうか？

20代の営業スタッフなら、ほとんどの人が「手軽に送れるのでSNSですね」と回答するでしょう。スマホは24時間、体の50センチ以内に置いておくものですから、メールより読まれるスピードが速く便利です。また〝既読〟が付くので、相手が読んだかどうかもすぐにわかります。私も毎日使っております。

それを十分承知の上でお伝えしたいのは**「お客様とのやり取りは可能な限りメールで行う」**ということです。

こう聞いて「今までの話と違うのでは」という感じがするかもしれませんね。キチンと理由があります。

メールの最大のメリットは、**〝メールの方が、圧倒的に文章力が上達する〟**ということです。

メールとSNSは似ているように感じるかもしれませんが、実は大きな違いがあります。それはメールの文章はあとで残るということです。もちろんSNSでもデータとしては残りますが、あまりあとで見返したりしないでしょう。

その一方、**メールの文章は〝議事録〟として残ります**。

あってはなりませんが、お客様とトラブルになった際、メールの文章が証拠になります。メールの文章を書く際「この表現で勘違いされないかな」と慎重になるのです。

こうして文章力が上がっていくのです。

テレワーク時代は文章力が大きな武器にな

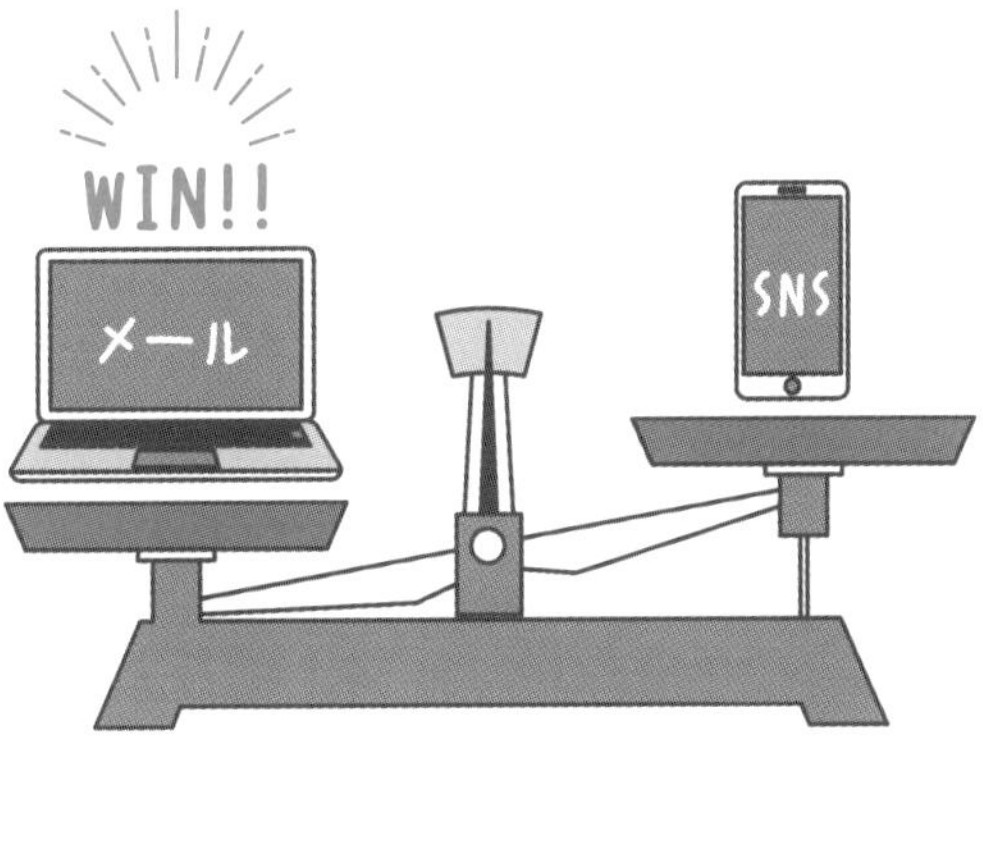

ります。

コミュニケーションによって「これはＳＮＳの方がいい」という場合もありますが、出来る限りメールでメッセージを送るようにしましょう。

ＳＮＳのメッセージは メールよりゆるくなりがちになる

今やほぼすべての方がＳＮＳでメッセージのやり取りをしています。ただ、若い方だけでなく間違った使い方をしている人は少なくありません。

先日、名刺交換した生命保険の営業スタッフからＳＮＳで「来週のどこかで時間をもらえますか？」といったメッセージが届きました。気軽に友達を誘うかのように……。それも名前を名乗ることなく、ハンドルネームです。さすがにこういったアプローチをしてくる人とは時間を取って話をする気にはなりません。

ＳＮＳは活用するべきですが、マナーは守るべきです。

最近はSNSから「こういったテーマで原稿を書いてください」といった依頼が入るようになりました。**SNSのメッセージは〝メールよりゆるくなる〟**ケースが多いのです。

先日「平日の14時から17時でいかがでしょうか?」といったメッセージをいただきました。これだけでは何のことなのかサッパリ分かりません。日にちも曖昧ですし、時間も30分なのか、それとも3時間なのかも不明です。数回、質問をしたり、やり取りをしたりしてやっと理解できたのです。

できる人はSNSのメッセージでも気を抜きません。

しっかりと「20日、21日、22日の14時から17時の間のどこかで30分間、原稿について説明させてください」と伝えます。このように伝えてもらえれば、スケジュールを見て「では20日の14時から30分間で、よろしくお願いします」と一発で決まるのです。

デジタルツールはどうしても気を抜きがちになります。SNSを利用するのはいい。ただし、メッセージを送るときは相手に分かるように伝えましょう。

営業レターもメールも「失敗例＜満足例」は変わらない

テレワーク時代になって感じるのは、以前にも増して「売り込みメールが多くなった」ということです。きっとこれは会社の方針で「メールで新規開拓をしなさい」と指示されているのでしょう。人力で送っている場合もありますし、ＡＩが巡回してアドレスを見つけ自動的に送っている場合もあります。今後、メールでのアプローチは増加していくでしょう。

私はホームページでアドレスを公開しています。〝法人〟というだけで判断し、いろいろメールが届きます。

・人事を見直しませんか？
・テレワークを活用できていますか？
・事務所を借りませんか？　などなど。

私にとってどれも必要ない情報ばかりです。こういったメールはタイトルだけ見て、開封せずに消去します。また、単純に商品の売り込みメールも届きます。メールのタイトルは「先日リリースした商品が非常に好評です」といったようなものです。

これは3章で紹介した「営業レター」で言えば〝他のお客様の満足例〟の部類に入ります。扱っている商品によっては満足例でもいいケースもありますが、99％興味をそそられないのです。

そんな中、思わず開封してしまうメールも届きます。

先日たくさんの売り込みメールの中に「○○を知らずに商品を選んだら大変なことなった」という内容が送られてきたことがあります。これは営業レターで言えば〝他のお客様の失敗例〟になります。

「どうせ売り込みだろう」と分かっていても「まあ、ちょっとだけ見てみようか」と開封せずにいられないのです。

失敗例 ＜ 満足例

営業レターでもメールでもこの図式は変わりません。**同じメールを送るのでしたら、満足例ではなく〝他のお客様のクレーム例、失敗例〟を送るようにしましょう。**

ありきたりなメールのテンプレートは無視される

先ほどの項目では「失敗例 ＜ 満足例」といった話をしました。**人の満足例より、「これをしないと失敗しますよ」と言われた方が、思わず読みたくなるもの**です。

では、メールの本文はどうでしょうか？　私のところに送られてくるメールは、たいていはこのような形式です。

営業サポート・コンサルティング株式会社
ご担当者 様
お世話になります。
ABC株式会社の〇〇と申します。
突然のご連絡、誠に恐れ入ります。
弊社は、国内シェアNo.1……

このタイプが8割以上を占めています。おそらくテンプレートがあるのでしょう。
あなたのメールボックスにも届くと思いますが、この手の文章を見た瞬間に「あぁ、売り込みメールかぁ」と分かってしまうものです。

しかし、つい最近のメールで思わず最後まで読み込んだものがあります。

そのメールは1行目に**「菊原さまのブログを見てお手伝いできると思いメールさせていただきました」**と書かれていました。このような入り方をされると「これは読んでおかないと」と思ってしまいます。売り込みメールだと分かっていても反応してしまうのです。

「突然のメール大変失礼いたします」

「拝啓　時下ますますご健勝のこととお慶び申し上げます」

といった入り方をすると「あぁ、その他大勢に送ってきているんだな」と思われてしまいます。これではせっかくの文章も読んでもらえなくなります。

ご案内メール、営業メールではテンプレートを使うのではなく、まず「あなただけに出しました」といった感じを伝えるようにしましょう。その方が何倍も読んでもらえるようになります。

SNS、メール、ハガキのお礼のトリプルアタック

ＩＴの会社で研修をさせていただいた時のことです。この社長は若く、20歳以上も年下でした。見た目はうちの大学の学生とほとんど変わらない感じです。服装や髪型から、いっけんチャラく感じますが、仕事の依頼のやり取りもしっかりしていました。ビジネスマナーもしっかりできており、何の問題もなくスムーズに仕事をさせていただいたのです。

その後のことです。仕事が終わって帰宅している最中にＳＮＳで「本日の研修ありがとうございました」というお礼のメッセージが届きます。それを見て「さすが気遣いができているな」と感じました。

家に帰ってメールを開くと、そこに「今日はありがとうございました。またぜひ研修を依頼させていただきます。よろしくお願いします」というお礼メールが届いています。

「2度もお礼をしてくれるなんて丁寧な社長だ」とますます好感を持ったのです。

これだけでも十分なのですが、さらに2日後にアナログツールのお礼状まで届いたではありませんか。これには驚きました。好印象どころか、感動すら覚えたのです。

〝SNS → メール → ハガキ〟と3回お礼をする。 これを実行している人はなかなかいいません。もし実行すれば間違いなく好印象を与えられます。

おそらくこの社長はみなさんから「若い社長だからどうせマナーはイマイチと思われている」ということを肌で感じているのです。失礼ながら私もそう思ってしまいましたし……。だからこそ丁寧に3回もお礼をしているのです。

「これだ」というお客様に出会ったら、SNS、メール、ハガキのお礼のトリプルアタックでいいギャップを与えましょう。 コスパもいいですし、効果絶大です。

結果を出す人はちょっとした問い合わせから仕事をつかむ

外資系の生命保険の営業スタッフの方とお会いした時のことです。この方は好成績を残し続けています。「なんか分からないけど売れちゃう」といったような天才型ではなく、地味な活動をコツコツ続けて結果を出すタイプです。

いろいろな方法でお客様と関係を築いているのですが、そのひとつが年賀状だと言います。「今の時代に年賀状？」とも思ったのですが、自信満々で**「年賀状こそ一番の営業ツール」**という話をしていたのです。

一般的に生命保険の営業スタッフは敬遠されがちになります。電話や訪問で「○○生命のものですが」と言ったとたん、「うちは必要ないから」などとシャットアウトされたりします。メールを送ってもなかなか開封されないものです。とにかく知り合いや、名刺交換した人たちに営業をかければ「あぁ、保険の売り込みね」と敬遠されてしまうと言います。

しかし、**年賀状だけは見てくれる**のです。そこで「あなたのお手伝いができます」というメッセージを送ります。この一言が伝わるだけでも大きいというのです。**年々、年賀状を送る人も少なくなってきています。ということはブルーオーシャンであり、チャンスだということです。**これは利用価値がありそうです。

また、年賀状についてもう1つ面白い話をしていました。それは**〝年賀状に反応する〟**ということです。

年賀状では

・今度ゴルフ行きましょう
・飲みに行きましょう

といったメッセージが書かれていたりします。もちろん社交辞令の場合もありますが……。

このメッセージに対して「ゴルフのお誘いありがとうございます。1月25日か28日にゴルフいかがですか?」とメールを送るのです。これでずいぶんアポイントを取ったといいます。

仕事に限らず、こうしたチャンスをものにする人は強いものです。

苦戦している営業スタッフは絶好のチャンスを逃している

以前、あるサービスを提供している会社に「このような仕事はできますでしょうか?」と問い合わせメールを送ったことがありました。すると、すぐに「○○については当社では対応しておりません」と返信が届いたのです。

「○○はできない」とはっきりさせる。これは悪いことではありません。

しかし、せっかくの問い合わせです。**対応できなかったとしても「Aはできませんが、Bでしたらできます」と代替案を出せば高確率で決まります。もしくは「当社は対応していませんが、信頼できる仲間がいますのでご紹介できます」と提案してもい**いのです。

あっさり断る対応をみて「本当にもったいないことをしているなぁ」とつくづく思

います。こういった人たちに話を聞けば、きっと「なかなかお客様が見つからないんです」などと言ったりするでしょう。

この方たちは**絶好のチャンスを逃している、という自覚が無い**です。

私が所属していた住宅系・不動産系の営業スタッフは情報に飢えており、ハングリーです。もし不動産系の会社に問い合わせれば「今はご希望の物件はありませんが、必ずピッタリな物件を見つけます」と提案してきます。住宅、不動産はお客様の問い合わせの数が少ないからです。こちらから探し回っている中、お客様の方から問い合わせがあれば、ここぞとばかり食いつきます。

あまりにもしつこいのはいけませんが「せっかくのチャンスだ。絶対に逃さないぞ」という強い気持ちが必要なのです。

問い合わせが多い業界になると、1つひとつのありがたみを感じなくなります。とくにネットで完結するビジネスではそういった傾向になりがちです。**お客様からの問い合わせは最大のチャンス**ということを忘れないで欲しいのです。メールだとしても「この会社は怪しい」と思っていれば送ってきませんし、お客様が問い合わせてきた時点で「この会社なら大丈夫だろう」と思っているのです。

これを逃すのはもったいないのです。

問い合わせが来たら何としてでも縁をつなげるようにしてください。**小さなきっかけで長い付き合いになることもあります。**

SNSは流し読むのではなく目的をもって閲覧する

SNSをスマホ上、もしくはタブレットで開くとまずタイムラインの画面が開くようになっています。タイムラインには主に最新の情報や友だちに関するお知らせが自動的に表示されます。とくに目的がない時はタイムラインを流し読むだけで友だちや興味を持っている人たちが投稿した内容をチェックできるので便利です。

ただし、これは使い方に注意が必要です。

以前お会いした際、知人の1人が「他の人のfacebookの投稿を見ていると気分が落ちる」といった話をしていました。通常はSNSの投稿には基本的にいいことを載せます。

・仕事で成功しました
・こんなに愛されています
・こんな素晴らしいところに来ました　などなど。

よほど変わった人でない限り「こんなに不幸で、いつも失敗しています」とは載せないものです。景気がよく、元気な時は人の成功を見ることで「よっし、私もやるぞ！」と奮い立つものです。

しかし、景気が後退している時、元気ではない時に人の成功を見ると、「あぁ、俺ってぜんぜんダメだなぁ……」と気分が落ちていくものなのです。

SNSをチェックするのだって時間もかかりますし、労力もかかります。有限である大切な時間を使ってチェックし〝モチベーションが下がる〟のでは、踏んだり蹴ったりでマイナスでしかありません。

だからと言ってSNSを見てはいけない、と言っているわけではありません。

ただ単に流し読むのではなく〝必要部分だけ探して読む〟といった使い方をすればいいのです。

・これから商談するお客様の情報
・クライアント、お得意のお客様の趣味
・注目している人の行動
・好きな著名人の言葉　などなど、しっかり絞って情報を読み取りましょう。

使い方さえ注意すればSNSは非常に便利なツールになります。

商談前の事前チェックでネガティブなイメージを持たないようにする

あなたが会社の社長だとします。テレワーク商談、もしくはアポイントで訪れた営業スタッフが突然「御社はどんな事業をされているのですか?」と質問してきたらどうでしょう？

その質問1つで「なんでそんな質問をするんだ、この営業スタッフはダメだ」と見切りをつけるでしょう。アポイントで会うなら、そんなことくらいは前もって調べて欲しいものです。

・テレワークでミーティングをする
・会社を訪問する
・お客様と会う

その前にいろいろと情報を手に入れる必要があります。

今は「1人1メディア時代」ですから、思い立ったこの瞬間だってスマホひとつでチェックできるのです。

ただし、手にした情報の使い方には気を付けなくてはなりません。

以前、知人の紹介でネットビジネス系の方にお会いすることになりました。SNSを見ると「私とは価値観も世界観もまったく異なる」と感じるような、派手なイメージの写真がたくさん載っていました。情報を手に入れたことで逆に「あまり会いたくない」という印象を持ってしまったのです。

しかし、実際お会いするとイメージとはまったく違いました。ＳＮＳから感じた嫌な印象は全然なく、非常に感じがいい方だったのです。

会う前に情報を集めたり、下調べしたりすることは大切です。しかし、ネガティブな印象を持つのでは逆効果になります。

「今から楽しみ」と思うようないい情報を集めるようにしましょう。

事前チェックした上で話をよく聞ける人になる

テレワークでもリアルでも事前チェックは必要、という話をしてきました。これは知り合いと会う場合にも言えます。

今は非常に便利で、ブログ、SNSなどを1分チェックするだけで「最近はこんなことをしているんだな」と分かります。ネタを用意しておけば、お会いした際「最近は料理の道具を集めているのですか？」と質問できるのです。この**質問ひとつで「あぁ、私のことに興味も持ってもらっているんだな」と好印象を与えられます。**

これは逆の立場になると、よく分かります。

テレワークでのミーティング時に「菊原さんは筋トレとストレッチをよくやっているのですね」と言われたことがありました。ブログを見てくれたのでしょう。調べてく

れたことに関して「自分に興味を持ってくれた」と嬉しい気持になったのです。
ただし、これが行き過ぎるときがあります。
何か話をすると「あぁ、それfacebookで載せていましたね」と言われたりします。
こういったやり取りが2回ほど続くと「次は何を話したらいいか……」と非常に話しにくくなるのです。

SNSで事前チェックをするのはいいことです。

前フリの質問はいいですが、相手が話したことに関しては「それ知っています」と潰すのではなく、じっくりと話を聞くようにしましょう。

そういったスタンスが人から好感を持たれるものです。

断られても意味がある〝お誘いメッセージ〟の送り方

生命保険のトップ営業スタッフの方とお会いした時のことです。

その方は「とにかく手数を多くして、声をかけまくる」というやり方をしています。ボクサーで言えば一撃必殺ではなく、手数が多いタイプです。友達と会えば「保険の話があったらよろしくね」と言いますし、お客様に対しても「保険の相談がありましたら、ぜひ」とあいさつ代わりに伝えます。

人柄なのでしょう。私もそのように声をかけられても、まったく嫌な感じはしませんでした。

これも営業手法としてひとつのやり方だと思います。この営業スタイルはともかく、このトップ営業スタッフの「手数を多くする」といった考え方は参考になります。

仕事でもプライベートでも「まずは自分から誘わなくてはダメ」ということです。リアルの声掛けでもメールやSNSのメッセージでもとにかく数を増

いつも
気にかけてくれて
ありがたい…
食事どうですか？
イベントあります
●●の件なら
任せてください

やすのです。多くの営業スタッフは遠慮して声をかけません。ですから、なかなかチャンスをつかめないのです。

このトップ営業スタッフの方がどんどん声をかけられる理由ですが、それは「断られたとしても意味がある」と考えているからです。軽く声をかけられるのでしたら嫌な感じはしませんし、断ったら断ったで「今回は予定がつかなかったから次回はこちらから声をかけよう」と思うものです。

なかなかチャンスをつかめない人は「そんな機会がない」もしくは「誘われないから」などと言ったりします。

誘われるのを待つのではなく自分から声をかけることが大切になってきます。仕事もプライベートもまずは自分からチャンスメイクをしましょう。何かアクションを起こせば必ず何か起こるものです。

第5章

「働き方」新時代の発信力・発想力

オンラインでの会話は内容より話し方が重要である

先日のオンラインでの打ち合わせの時のことです。メールのやり取りをしている先に対しては「しっかり仕事もできる人だ」という印象を持っていました。素晴らしい人ではあったのですが、どうしても気になることがありました。

それは**話し方**です。ちょっと早口で強弱がほとんどありません。キチンとした内容を話しているものの「なぜか内容が入ってこない」といった感じになるのです。

もしかしたらリアルで会えば雰囲気などから優秀さが伝わったかもしれません。しかし、オンラインではそういった雰囲気を感じにくいのです。これはとても残念に思います。

話し方については私も人のことは言えません。以前、リアルでの営業研修でのことです。その時はショールームを閉めるわけにもいかず、営業スタッフの7割が出席し、残り3割が欠席せざるを得ないことになりました。そのため、欠席者があとから見られるように撮影させてほしいということになったのです。もちろん快諾しました。

それから1週間後のことです。その日に撮影した動画が送られてきました。自分が話している姿を見るのは好きではありませんが、ここは成長のためです。意を決して、見てみることに……。

すると、強弱がなく、熱意がまったく感じられない話し方でした。動画を見ながら「これじゃあ、せっかくの営業レターのすごさが伝わらないなぁ……」とつくづく思ったのです。

ここ最近はオンラインの様子を録画しています。

話してはチェックし、問題点を改善するように心がけているため、以前よりは話し方が向上してきたように思えます。

オンラインでは〝何を話したか〟よりも、〝どう話しているか（声、話し方）〟の方が、はるかに影響があります。

まずは録画して自分の話している様子をチェックしてみてください。そこから改善すべき点がたくさん見つかると思います。

結果を出す人の〝間の取り方〟をマスターする

あなたの近くに、会話をしていて「心地がいいなぁ」と感じる人がいると思います。こういった人は人気がありますし、営業スタッフであれば間違いなく結果を出しているものです。

一方、そうではない人もいらっしゃいます。話をしていてもまったく盛り上がりませんし、ストレスが溜まる人も……。

リアルで会えば「早く帰りたい」と感じますし、オンラインでも「早く切りたい」と思うものです。これは何が違うのでしょうか？

先ほどの項目で説明した通り**「内容より話し方が大切」**ということもあります。ただ、同じような内容だとしてもまったく印象が違ってくるのです。

その**一番大きな要素は、こちらが話す「間」があるかどうか**ということです。

やり取りをしていて心地がいい人は、会話をしながらも「それって、どういうことですか?」と質問できる間があります。

オンラインでもリアルでも会話はキャッチボールが必要であり、一方通行ではありません。お互いに質問したり、答えたりするからこそ話が盛り上がります。1つの話でお互い理解しあえるからこそ、内容も濃くなるのです。

一方、**話をしていて心地の悪い人はその「間」がありません**。話の内容自体は面白かったとしても、相手の独壇場になっていきます。どんなにいい話だとしても、ずっと聞きっぱなしではうんざりしてしまうのです。

結果を出している人、トップ営業スタッフのトークの内容や話し方を研究するのもいいことです。しかし、それ以上にそういった人たちの〝話の間〟をモデリングしてみてください。

すぐには見つけられないかもしれません。ただ、意識していれば必ず「あぁ、この間なんだな」と気づく時が来ます。それこそオンラインでの会話を録画してチェックしてもいいでしょう。

ぜひ、**今日から注意して結果を出している人、トップ営業スタッフを観察してみてください。**

これからのカリスマ性は〝楽しく前向き〟な姿勢を見せること

テレワークが主になると、リアルで「オレの背中を見て学んで欲しい」というコミュニケーションが難しくなります。今まで以上に言葉で分かりやすく伝える必要があるのです。

ただ、テレワーク時代でも部下や後輩に言葉以外でカリスマ性を示せると私は考えています。

人類の歴史は７００万年です。諸説はありますが、言葉を使うようになったのはクロマニョン人からで、3〜5万年前と言われています。

この言葉もそれほど種類が多くなく、ボディランゲージが主だったようです。とにかくかなりの長期間、人類が子供に何か教える際には〝実際にやって見せる〟というやり方をしていたということです。

これは現代の人のDNAにしっかりと組み込まれているのです。

例えば上司が辛そうに仕事をしていたらどうでしょうか？　部下たちはその姿を見て「やっぱ、課長になるときついんだな。できればなりたくない」と思うようになります。これはいい影

響とは言えません。

そうではなく、直属の上司が「これはやりがいがあるよ」と言いながら楽しそうに仕事をしていたらどうでしょうか？　そんな姿を見て「自分も○○さんのようになりたい」と思うものです。

これはテレワークだとしても十分伝えられます。

やりがいを感じ、楽しそうに仕事をしている姿を部下に見せてください。何も言わなくても強力なメッセージになります。

上司として〝楽しく前向きな姿勢を見せる〟ことこそが最高の教えになるものです。

その場にマッチした例え話をするように心がける

今は仕事だけでなく飲み会までオンラインになりました。Zoomなどの会議アプリや飲み会専用アプリを使って〝家にいながらの飲み会〟をやっている人もいるでしょう。

私自身はというとオンライン飲みは、はじめこそ気が乗らず敬遠していたものの、やってみると、それほど違和感はありませんでした。慣れてくると「移動代も飲み代もセーブできて結構いい」と思えるようになったのです。

オンラインでの飲み会は多くの発見があります。というのも**オンラインでは複数の人が同時に話せないので、必然的に話をしている人に注目せざるを得なくなる**からです。**ちょっとしたプレゼンテー**

ションになる形になります。ですから、リアルでコミュニケーションをとる以上にいろいろなことに気がついてしまうのです。

あるZoom飲み会でのことです。5人で飲んでいたのですが、そのうちの1人のFさんは他の4人がわからない事例や比喩を引用します。これはシラケます。アルコールがまわってくるとどうしても〝自分がしたい話〟をしたくなるものです。

これは気を付けなくてはならないことで、私もやってしまうことがあります。例えばですが、プロ野球のソフトバンクホークスのファンの私は、何かにつけて「ソフトバンクの選手の育成方法と近いものがありますね」といった話をしてしまいがちになります。野球に詳しい人のグループならばいいのですが、それ以外の人には「菊原さんは何を言っているのだろう?」と理解度にズレが起こるのです。

こういった話が続けば、相手は「この人とは合わないなぁ」と思うようになるのです。

事例や例え話は一般的に理解してもらえる内容にするように心がけてください。

印象に残るメリハリのつけ方とは

営業会社の仕事の依頼でロープレ大会の審査員をした時のことです。ロープレとは実際の営業シーンを想定して、営業スタッフがお客様にどう商談して、クロージングしていくかを練習することです。新人からベテランの方まで多くの営業スタッフが登場します。なかなか評価するのは難しいものです。はじめて人前でロープレする営業スタッフも多く、ピリピリとした緊張感が伝わってきます。

30人近くのロープレをみましたが、その中で印象に残る2人がいらっしゃいました。その2人を紹介します。

まず1人目はトークが上手い人です。緊張しているのでしょうが、それを微塵も感じさせません。テレビでやっている通販番組のような、おもしろく圧巻なパフォーマンスです。あっという間に会場の人の心をつかみ、どんどん盛り上げていたのです。

スタートして1分程度は「あぁ、この人が優勝だな」という感じがしました。

しかし、このテンションがずっと続きます。5分経過したところで、そのハイテンションに「面白いけど、ちょっと疲れたなぁ」という感じがしたのです。持ち時間が3分なら、間違いなく優勝だったでしょう。

そして、2人目の印象的に残った営業スタッフの方ですが、この人もつかみが上手で、一瞬にして会場を盛り上げます。

しかし、1分としないうちに一気に落ち着いた雰囲気にシフトチェンジし、冷静に話を進めます。ゆっくりと話を聞くことができたのです。そして、最後はちょっとオーバーアクションでまた盛り上げます。

メリハリがあって非常に印象に残ったのです。当然、この方が優勝です。

これはオンライン商談でも参考になります。**オンラインではテンション低くボソッとスタートするではなく、ある程度オーバーアクションの方が相手の興味を引きます**。

しかし、オーバーアクションでテンションが高いまま突き進んだらどうでしょう？ 5分もしないうちにお客様が疲れてしまいます。

〝スタートを盛り上げ、途中は冷静に。そして最後にまた盛り上げる〟といったようにメリハリをつけることを心がけてください。

〝学ぶ〟と〝教える〟をセットにして考える

テレワーク時代は「発信力が強い人が勝つ」と考えています。今までもそうでしたが、これからはもっとその傾向が強くなるのです。ということは自分だけ理解するので終わりではなく、相手にどう伝えるかが重要になるということになります。

以前、仏教についての話を聞いた時のことです。私はあまりこういったスピリチュアル系の話を聞いたことが無かったので、非常に新鮮に感じました。その話の中で「大乗仏教と小乗仏教」というものがありました。

小乗というのは簡単に言うと〝自分だけが悟った状態〟ということです。学んだり訓練したりして悟りの境地にたどりついたとします。ただ本人は悟ったのですが、人にはそれを伝えないのです。

それに対して大乗は〝悟った内容を人に伝える〟ということです。ブッダは大乗になったからこそ今でも崇められています。

仮に自分が悟っただけで「まぁ、自分が幸せなんだから他人は関係ない」というスタンスでしたら、誰もブッダの存在を知らなかったでしょう。

昔も今も人に伝えるからこそ、価値があるのです。

テレワーク時代はますます情報化社会になっていきます。ということは**今まで以上に学ぶ必要がある**ということです。そして**何かを学ぶ時には、「人に伝えることを前提として学ぶ」と意識する**といいのです。これは私も常に心がけています。

学ぶ際に「こうやって話せば伝わりやすい」と考えながら話を聞くと、記憶に残りやすくなります。さらに実際に人に伝えることで記憶がどんどん定着していくのです。

以前は「せっかくお金を出して学んだのだから自分だけのものにしよう」とセコイ考えだったこともありました。

学ばないよりはマシですが、これでは記憶に残りにくいのです。

〝学ぶ〟と〝教える〟をセットにして考える。テレワーク時代はこういった器の大きい人が脚光を浴びるのです。

デジタルとアナログツールのいいところ取りをする

この章ではテレワーク時代の発信力というテーマで話をしています。

人によっては「テレワーク時代がさらに進めばアナログツールは消滅するのでは」と考える人もいるでしょう。

これからデジタルが発達していくのは間違いありませんが、偏ればアナログにチャンスが生まれるのです。その一例をご紹介します。

私のゴルフ仲間にスーツ屋さんを経営している方がいます。

ネット全盛時代ですから、少し前まで〝ネット広告中心〟で売っていました。しかし、ここ最近になって昔ながらのチラシやダイレクトメールなどのアナログツールも活用しているといいます。**「ネット→アナログ」に変えて、1・5倍の売り上げになった**というのです。

その話を聞いた時は「チラシやダイレクトメールがそんなに効果があるのかなぁ」という印象を持ちました。しかし、よく考えてみれば私もよくお店から届く〝30％OFFのハガキ〟などをきっかけにお店に行き、商品を購入しています。アナログツールだからこそ「このハガキをもって来週行こう」と思えるのです。

もしこれがデジタル配信で〝30％OFF〟という文字だけのお知らせだったらどうでしょうか？

おそらくお店に行くことはなかったですし、購入することもなかったのです。アナログツールもまだまだ効果があるということです。

今や多くの会社がデジタルやネット中心にお客様と接点を持っています。確かにお互い便利な部分もありますが、時々リアルのハガキの方が恋しくなったりするものです。

ネット、デジタルのいい部分はフル活用し、アナログの力も借りるようにしてください。いいところ取りをしてお客様を獲得しましょう。

テレワークに偏れば
リアルにチャンスが生まれる

先ほどはデジタルツールとアナログツールの利用のバランスについてお話ししました。デジタルに偏ればアナログにチャンスが生まれます。ということは、同じようにテレワークに偏り過ぎれば、リアルにチャンスが生まれるということです。だからといって「気合と根性型の昭和スタイルに戻せ」と言いたいわけではありません。

テレワーク営業と昔ながらの営業のいいところをとって、最新鋭のハイブリッドス

タイルをめざして欲しいのです。

これを実践している営業スタッフTさんのことです。

Tさんは広告営業をしているのですが、20代にしてトップの座に君臨し続けている、すごい人です。

広告営業というとデジタルツールをスマートに使いこなしているイメージがあります。イメージ通り、すでにテレワーク営業が進んでおり、ずいぶん前からSNSやデジタルツールを駆使してお客様とコミュニケーションをとっていたのです。

この業界のトップ営業スタッフは基本的には時間効率を考え、スマートに営業する人が多いのですが、Tさんは違います。営業活動の秘訣について「やっぱり飲み会とゴルフですかね」と言い出したのです。

飲み会とゴルフは〝THE昭和的な営業スタイル〟の象徴です。

その話を聞いた時は「さすがに冗談だろう」と思ったのですが、本当のことのようです。真剣な表情で「同期や仲間はお客様との飲み会やゴルフを嫌がるんです。だからチャンスなんですよ」と話してくれました。

確かに一度でも飲んだりゴルフをしたりした人は、一歩深く踏み込んだ関係になったりします。しかもやっている人がいないのですから、結果が出るのも当然です。

これからは〝テレワークと昔ながらの営業スタイル〟をハイブリッドさせる。そういった人がダントツの結果を出すのです。

新時代にすべきはお金の貯金より信頼貯金

ビジネス系の雑誌を読んでいた時のことです。その雑誌の中で成功している方が「超一流の人たちはお金では動かない」という記事を見つけたことがあります。

二流、三流の人たちはもちろんのこと、一流の方でもある程度お金を払って仕事の依頼をすればたいていは承諾してくれるものです。

しかし、そのジャンルの〝超一流、頂点の人〟になるとお金では動きません。仕事の依頼の話をじっくり聞いて「この仕事は私がやるべきだ」と共感した時だけ承諾してくれるのです。この話を聞いて深く納得しました。私の尊敬している方たちを思い出すと「確かにお金だけで行動していない」と実感するのです。

こういった**超一流の人たちは〝人との信頼〟を重視します**。信頼がなければいくらお金を積んでも動いてはくれないのです。お金を大切にしない、というわけではありませんが、**〝お金よりも信頼〟という価値観**を持っています。

これからの新時代はお金の貯金も大切ですが、それ以上に〝信頼貯金〟が重要になってくるということです。相手から信頼を得るためには地道な行動が必要になってきます。

・ウソをつかず誠実に行動する
・約束は必ず守る
・相手の話を聞いてしっかり理解する　などなど。

地味ですがこういった信頼が積み上がった人だけが、これからも必要とされるのです。

テレワーク営業時代は誠実な営業スタッフが勝つ

私が現役の営業スタッフだった時のことです。お客様とのメールのやりとりを嫌っていた先輩がいました。その理由を聞くと「その場の話なら何とかごまかせるが、メールは証拠が残るから困る」と言っていたのです。

この先輩の営業スタイルはインチキとまでは言いませんが、黒に近いグレー的な進め方をしていました。営業センスがいいので契約は取るのですが、必ずと言っていいほどお客様から「話が違う！」と言われていました。とにかくよくお客様とクレームやトラブルを起こします。

危うい進め方をしていることを自覚していたのでしょう、形に残るメールのやりとりを嫌っていたのです。

10年前でしたらこうしたスタイルでもなんとかなったのかもしれません。しかし、これからの情報化社会では絶対に通用しないのです。メールのやりとりはもちろん、S

NSでも十分な証拠になります。

また**オンライン商談では議事録のために録画するケースが増えています。今後は録画率がもっと上がっていくでしょう。**となれば、「YESでもNOでもない曖昧にしてごまかしながら進める」といった方法は現実的に不可能になってきます。**煙に巻くような話術ではなく、誠実さが重要になってくる**のです。

一昔前の営業の世界は「ずる賢いヤツが勝って、正直者が損をする」といった風潮もありました。しかし、これからは違います。

テレワーク営業時代は誠実な営業スタッフが勝つのです。

ブログやSNSに「お客様との会話」を載せる

ブログやSNSの投稿を読んでいて「思わず引き込まれてしまう」といった経験がありませんか？　このような引き込まれる文章には特徴があります。その方の意見だけでなく、お客様との会話例や事例が多く載っているということです。

この件に関して、私もお褒めいただいたことがあります。私は【住宅営業マン日記】というブログを15年以上続けています（https://plaza.rakuten.co.jp/tukil/）。

このブログを10年以上読んでいただいている方から「菊原さんのブログが読みやすいのは会話や事例が入っているから」という意見をいただいたのです。

今も意識的に入れていますが、過去のブログは〝会話のやり取り〟が半分以上、なんてものもありました。

これからのテレワーク時代は文字での発信力が重要になってきます。会話例や事例

を入れて相手に興味を持ってもらえる文章を心がける必要があるのです。

これはリアルのコミュニケーションでも言えます。

トップ営業スタッフのトークを文字化すると「私のお客様が〝これは使いにくい〟と言っていましてね」といったような会話がよく出てきます。こういった違いによって〝トップ営業スタッフと並みの営業スタッフ〟との差が生まれるのです。

さっそく、明日からブログやSNS、そしてトークに「お客様との会話」を追加してみてください。

【住宅営業日記　会話例】

引渡しのときのこと。

お客様「俺の友達で田中っているのがいるんだけど、家を考えているから菊原さんに紹介するよ」

私「本当ですか？　ありがとうございます」

その後、そのお友達の話を聞いた。
お客様「俺がよぉ～く宣伝しておくから、決まったも同然だよ！」
私「ありがとうございます！」
《ラッキー、これでまた契約になるぞ》
気分のいい私はこのとき重大なミスを犯していることにまったく気がつかなかった。

相手のニーズを聞いてくれる人、こだわりだけを語る人

以前「ゴルフのアイアンを買い替えよう」と思ったことがありました。
アイアンと一口に言っても、種類が多くどれを買っていいのかまったく分かりませ

ん。こういった時は1人で悩むより、詳しい人に聞くのが一番です。

そこで、私の知り合いのゴルフの上級者の方々に「どのアイアンがおススメですか?」とよく聞いていたのです。


ゴルフの上級者は道具にもこだわりがあります。その人なりの美学があるのです。

多くの方は「自分はこのシリーズが好きですね」とこだわりを話してくれました。これはこれで参考になりました。ただ、アイアンの種類に詳しくなったものの、逆に迷ってしまったのです。

そんな中、知人のSさんだけはちょっと違いました。おススメを聞くと、Sさんは「どのくらいの予算で、どんな結果を求めていますか?」と逆に質問してくれます。

信頼できる人だなぁ

私が「優しさ重視で、お手頃価格がいいですね」と答えると「じゃあ、中古の○○くらいがいいですよ」と教えてくれたのです。

結局、Sさんの意見を採用しました。今でもこのアイアンを使っていますが、教えてもらった通り優しく打て、スコアアップにもつながっております。

自分のこだわりだけを語るのではなく〝ヒアリングして相手のニーズ〟にマッチングさせる。これは営業の基本です。

テレワークのコミュニケーションでもこれは非常に重要になってきます。通常の商談だけでなく日常生活から練習できます。ぜひ意識してやってみてください。

テレワークでは〝ビジョントーク〟の割合を増やす

話をしていて「この人との会話はワクワクする」と感じることがあると思います。逆に「話をしてもつまらない」と感じる人もいるでしょう。その違いはビジョントークの割合によって決まるのです。

ビジョントークとは、簡単に言えば〝未来予想図を引き出す〟といったものです。

イメージがわきやすいように住宅営業の例で説明します。

お客様に対して「新しい家でどんな生活をしたいですか?」といったような聞き方をします。

「広くなったリビングで、どんな過ごし方をしたいですか?」

「新しくなったキッチンで、どんな料理を作りますか?」

「趣味のものをここに飾ったら、どんな気持ちになりますか?」などなど。

他にもお風呂、寝室、書斎に関しても考えればいろいろと出てきます。

こんな質問をされるとお客様はワクワクするものです。

住宅営業以外の営業スタッフだとしても、商談や接客で必ずビジョントークをしているでしょう。

では、その割合はどのくらいでしょうか? トップ営業スタッフはその割合が多くなります。**多い方になると〝ビジョントークが5割を超えている〟といった場合もある**のです。

一方、苦戦している営業スタッフはビジョントークの割合が少なくなります。ビジョントークではなく、

・スペック、性能の話
・ライバル、他社の比較
・資金計画、コストの話

などといった内容が多くなるのです。

テレワークの商談では現物を見せたり、触ったりしてもらいながら「どうですか、手触りがいいでしょう」などということができません。

商品や物でモチベーションを上げられないのですから、トークで購買意欲を上げていくしかないのです。

テレワークの商談では「ビジョントーク割合がどれだけあるのか？」といった観点でチェックしてみてください。割合を上げることで話がうまく展開するようになります。

新時代に結果を出す人のデジタル＋アナログ活用法

私は営業の通信講座を開催しております。その会員さんとやり取りをしていた時のことです。

3章で紹介した営業レターのような〝お役立ち情報〟を作ってお客様に毎月送っています。順調に結果を出していたのですが、ここ最近「なぜか反応が落ちてきた」と悩んでいたのです。

そこで、そのお役立ち情報を私のところに送っていただくことにしました。

会員さんは郵送と同時に「明日届くと思いますが、その前にＰＤＦで送っておきます」とデータでも送ってくれたのです。これは助かります。すぐにチェック

ができるからです。
私はその場でお役立ち情報の内容を確認し、内容についてのフィードバックをしました。こういった気遣いできる人は「素晴らしいなぁ」とつくづく感心します。

私がお世話になっている編集者の方も同じようにデジタルとアナログを上手に活用しています。紙の原稿を送ると同時に「念のためＰＤＦでも送っておきます」と気遣ってくれます。原稿が届くまでの間、数ページですがチェックできるので、作業が楽になります。こういった気遣いは本当にありがたいのです。

働き方新時代はこういった気遣い、根回しが必要になってきます。
相手が「こうやってくれたら、ありがたい」ということを常に考えるようにしましょう。

結果を出す人は、ちょっとした〝プラスアルファ〟で差をつけるのです。

第６章

自宅で仕事をする際の行動術・時間の使い方

テレワーク時代は結果を出して時間に余裕がある人をめざす

テレワーク時代はテレワーク営業で結果を出す方法があるように、テレワークにマッチした行動術、時間の使い方があります。これからは、毎日会社に出勤していた時代とは違った行動術、行動パターン、価値観を持つ必要があります。

この章で詳しくお話しますが、イメージとしては **〝結果を出しているのに時間に余裕がある〟といった人物像をめざして欲しい**のです。

私はこういったタイプの人たちとお会いしてきました。ダントツのトップ営業スタッフやたくさんの事業を回している起業家の方など、どの人たちも、どう考えても仕事がたくさんあるはずです。

にも関わらず、時間的に余裕があるというか、むしろ暇そうに見えるのです。あなたの近くにもこういったハイパフォーマーが1人や2人はいるかもしれません。

といっても、部下や後輩に「これやっておいて」と丸投げしている人たちは除きます。

「人にやらせておいて自分だけ楽できればいい」などといったスタンスで仕事をしている人はそう遠くないうちに淘汰されます。**テレワークでは情報がオープンになり〝実は必要なかった人〟がハッキリするという怖さもある**のです。

私が知っているハイパフォーマーたちは、仕事のツボを押さえており、効率よく仕事をしています。テレワークをするうえで、このツボを知っておくことが大切になってくるのです。

そのためにまずは**「パレートの法則」**を知っておく必要があります。

ご存じの方も多いと思いますが、「パレートの法則」とは「2割8割の法則」とも言われ、営業でいえば「売上げの8割は2割のトップ営業スタッフに依存する」といったものです。

結果を出す人は〝重要な2割〟にしっかりと時間を投資しています。ですから短時間でかなりのアウトプットができるのです。

その逆に忙しそうにしているけど結果は出ていないという人もいます。常に時間に追われていますし、常に忙しそうにしています。もしかしたらそうすることで上司から「彼は頑張っているな」と思われたいという意識があるのかもしれません。

テレワークではそんな無駄なパフォーマンスが必要なくなります。**テレワークは〝自分で行動や時間を管理する時代〟**です。

圧倒的な結果を出しているのに時間的に余裕がある、という人をめざしましょう。

〝ステイホーム〟は〝スイートホーム〟ではない

テレワークで営業するようになると仕事でもプライベートでも、家で過ごす時間が長くなります。

コロナウイルス禍で世間ではさかんに〝ステイホーム〟と叫ばれました。ステイホームはコロナウイルスの拡散を防ぐために必要なことであり、終息したとしてもテレワークは続くので、今後も家で過ごす時間は少なくならないでしょう。ステイホームは移動時間がゼロになったり、無駄遣いをしなくなったりとメリットもありますが、当然デメリットもあります。

ステイホームと聞くとどうしても「家でゆっくり、まったり過ごす」といったイメージがまだまだあります。言葉の響きも〝スイートホーム〟に似ており、楽しくて甘いといった感じがします。

実はそんな甘いものではなく、**〝結果を出す人〟と〝そうでない人〟の差がとてつもなくついていく、恐ろしい時代**になるのです。

私自身もテレワークが多くなってから家で過ごす時間が増えました。もともと私は〝外に出かけた時だけアルコールを飲む〟といったスタイルなため、お酒を飲まない分、体調がすごくよくなりました。今までの何倍も効率よく仕事ができるようになったのです。自己評価としては「テレワークでストイックに仕事をしている方だ」と思っていたのですが、私の知人たちはもっとすごいです。

すごい生活をしている2人を紹介します。

まずはYさん。朝4時に起きるまでは一緒なのですが、それ以降は「僧侶とアスリートを足したような生活をしている」というのです。仕事をしながら、朝から晩まで自分の体を鍛えています。外食が減ったため自動的に粗食の生活になります。よって体脂肪率が減り、体はバキバキになったと言うのです。もちろん仕事もうまく行っています。

２人目の著者仲間Ｈさんは「毎日８時間は勉強している」と言います。受験生並みの勉強時間です。

この２人の話を聞いて「自分はまだまだ足りてない」と痛感したのです。

その一方、午前中は寝て過ごし、午後はネット配信動画を見て過ごす、なんて人もいらっしゃいます。これでは、たった１日でも大きな差をつけられてしまうでしょう。

〝テレワーク時代は恐ろしく差がつく時代だ〟ということをまずは自覚してください。

トップ営業スタッフは時間をマネジメントしている

テレワーク時代は大きく差がつく時代です。

ということはテレワーク時代にあった行動術、時間術をしっかりと身につけた人が勝ち、身につけなかった人が負けるといったことになります。

これは今までもそうだったかもしれませんが、これからは今までと比べ物にならないくらいの差になって表れてくるということです。

私の好きな言葉に**「時間は最も希少な資源。時間をマネジメントできなければ、なにもマネジメントできない」**というものがあります。これは経営学者のピーター・ドラッカーの言葉です。時間のマネジメントこそ、仕事ができるようになるための必須条件ということです。

では時間を支配してうまく仕事を回せる人は特別な人だと思いますか?

私はそうは思っていません。

その差は生まれ持った才能ではなく、人間に備わっている体のサイクルをうまく利用しているか、利用していないかで決まってくるのです。

なぜそう断言できるかというと、私自身が身をもって体験してきたからです。

ダメ営業スタッフ時代の私は、完全に夜型で、夕方からエンジンがかかるといったスロースターターでした。今から考えれば、これが一番の売れなかった原因かもしれません。

この後詳しく説明しますが、**人間が一番集中できるのは朝から午前中**です。

つまり、私は一番集中できる時間帯を完全に無駄にしていのですから、ダメなのも当然の結果です。こうしてさらに仕事の処理スピードが落ちていったのです。まさに〝悪魔のサイクル〟に陥っていたのですが、元をたどれば、スロースターターがすべてのリズムを狂わせていたのです。

それから数年後、私はトップ営業スタッフになりました。契約数は4倍になり、それに伴って仕事量もかなり増えます。にも関わらず、今までより短い時間でこなせるようになっていたのです。

これを可能にしたのが**3つの時間の使い方を意識して仕事をした**からです。突然能力が開花したのではありません。

これから3つの時間帯についてご紹介させていただきます。

この考え方は様々な場所で紹介しておりますが、テレワークにおいてとても大切な要素になります。はじめて知る方も既に知っている方も、しっかりと読んで身につけていただきたいので、次項から詳細にご説明いたします。

第1の時間帯「アウトプットの時間」

ここからは具体的に時間の活用方法についてお話しします。

私が以前から導入している時間術で、1日を3つのサイクルに分ける方法です。

人の体は8時間ごとに、〈排泄（アウトプット）⇩摂取（インプット）⇩吸収（アブソープ）〉の3つの時間帯が一定のサイクルで回っていると言われています。

どの時間でも排泄、摂取、吸収はある程度は行われますが、それぞれに適した時間があるのです。何をするにも、生理的に適した時間帯というものがあり、それを仕事や生活のリズムに取り入れることが重要です。

つまり、**仕事が早い人というのは、この体が持っているリズムと仕事内容をマッチさせている**ということです。

1つめの時間帯は【早朝の午前4時から正午12時】までの8時間です。

この時間帯は主に体は〝排泄〟を活発に行い、老廃物を体の外に出す時間帯になります。これはつまり、**朝4時から12時までは脳から〝アウトプット〟する時間に向いている**ということです。そもそもこの時間帯はまだ疲れもなく、ネガティブな感情や余計な情報があまり入っていない状態です。

ここの時間帯は頭が冴えていますから、企画書や提案書をつくる、文章を書くといった仕事に充てるとスムーズなのです。

営業スタッフ時代、この時間にアウトプット系の仕事を充てていたため、今までの3〜4倍の仕事量ができるようになりました。テレワーク時代はこの時間帯を無駄なく活用することが必要不可欠になってきます。

すぐにとは言いませんが、アウトプット系の仕事を徐々にこの時間にシフトしてください。

第2の時間帯「インプットの時間」

2つめの時間帯は【正午12時～20時】までの8時間です。

体のサイクルで言えば、〝摂取の時間〟になり食べ物を体内に取り入れる時間帯です。

このようには説明すると「朝食が一番大切と認識していますが……」という方もいます。人類が朝食を食べるようになったのはここ最近の習慣であり、数百万年もの間、朝は狩りの時間帯でした。原始時代は冷蔵庫が無いわけですから、食べたくても食べ物がありません。朝は食物を探し、やっとこの時間帯に食べられたのです。


この時間帯は仕事で言えば〝情報を積極的に取り入れる〟ということになります。**要するにお客様との商談時間に充てる**といいのです。

この話を聞いて「えっ！　お客様との商談はアウトプットでは？」と思ったあなたは要注意です。


トップ営業スタッフはお客様を巧みなプレゼンで説得するのではなく、お客様から

話をよく聞きます。深い部分まで要望を聞き取るため、他の営業スタッフとは一味違った提案をします。**商談はアウトプットではなくインプット**なのです。

とにかくテレワーク商談でもこの時間帯をおススメします。

「アウトプットの時間」で重要な仕事の8割をこなした後の商談は、気分的にも余裕が持てるため、成功率も高まるのです。またスタッフとの打ち合わせ、他部門の人と交流する時間としてもベストの時間帯です。午後になると多少疲れが出てくるため、テレワークでどんどん情報を取り入れましょう。

第2の時間帯はお客様との商談、打ち合わせ、情報のインプットに充ててください。

第3の時間帯「アブソーブの時間」

3つめの時間帯は【20時~朝4時】までの8時間です。

体のサイクルで言えば〝吸収の時間〟になり、食べたものを体にアブソーブしていく時間になります。

仕事で言えば〝1日を通して集めた情報が頭に吸収されていく時間帯〟といえます。

吸収されていく時間帯に何かをしぼり出そうとするのは、生物学的に考えても効率が悪いものです。この体の仕組みを知れば、深夜のアウトプット系の仕事（文章を書く、プレゼン資料を作るなど）がどれだけミスマッチか分かるでしょう。

この時間帯にアウトプットの仕事をすれば時間を浪費するだけでなく、仕事自体が嫌いになったりします。さらには夜遅くまで無理すれば寝不足になり、翌日の大切なアウトプットの時間帯が活用できなくなるのです。

とにかく第3の時間帯に無理して仕事するのはデメリットしかありません。

この時間帯は、**ゆっくりくつろぎながら情報を整理したり、今日1日を振り返ったりする時間に使ったりした方がいい**のです。

今日から夜20時以降の仕事をすべてやめてすぐにサイクルに合うように仕事をしてください、とは言いません。1日に少しずつでもいいので徐々に前倒しにして20時にはすべての仕事を終わるようになって欲しいのです。

もし仕事がすべて終わらない時はスパッと仕事を切り上げ、それを〝やることリスト〟に書いておくといいでしょう。それを翌日のアウトプットの時間に回し、朝起きたら一気に処理するのです。

適した時間に適した仕事をする、これがテレワーク時代にあった働き方なのです。

サイクルが狂い始めたときの修正法

テレワークでは自分で働く時間を管理しなくてはなりません。

3つの時間帯を意識し、その時間帯に合う仕事をする習慣が身についた時、あなたは驚くほどの時短に成功しているでしょう。

とはいえ、仕事が立て込んでくるとどうやっても仕事が追いつかず、うまく回らなくなるときもあります。朝から仕事をするものの、20時を過ぎても仕事が山ほど残ってしまうこともあります。そしてどんどん仕事が先送りになって仕事が溜まっていく……というのでは気分も晴れなくなるものです。

そんな時におススメの方法があります。それは**〝溜まっている仕事を処理する時間〟を確保する**ことです。

お客様とアポイントを取るように〝金曜日の13時〜15時までは溜まった仕事の時間〟と決め、集中して取り組みます。アポイントと同じですから、もちろん電話にも出ませんしメールの返信もしません。家で集中できる人は家でやってもいいですし、外に出られる人ならお気に入りのカフェで仕事をしてもいいでしょう。

私も仕事が溜まっている時はまわりをシャットアウトして、一気に溜まった仕事をこなしていたものです。気になっていた仕事が終わると〝デトックス〟した気分になります。時々こうして集中して溜まっている仕事を処理することで、いい状態にまたリセットできます。

サイクルが狂い始めたらこの時間帯を取り**〝仕事に追われる状態⇩追いかける状態〟に変えていく**ようにしましょう。

テレワークでは必ずデッドラインを設定する

結果を出しながら時間的に余裕がある人は必ず「この仕事は11時〜11時30分までにする」と仕事にデッドラインを設定しています。他の仕事もあるので、必然的に時間が限定されることもあるでしょう。どちらにしても、「なんとなくこのくらいの時間でやろう」といった、ゆるい感じで仕事はしていないのです。

このような話をすると「デッドラインがあると焦っていい仕事ができない」という方がいらっしゃいます。確かに焦ってガタガタ仕事をすれば、ミスするかもしれません。

私は無茶をしろと言っているわけではありません。**「2時間かかる仕事を、倍速の1時間でやってください」と言っているわけではなく、30分の仕事を30分でやればいいのです。**

デッドラインを設定しないと、どうしても他のことに気を取られます。スマホからの「ピロリン」という通知音1つで意識を持って行かれてしまいます。気づいたら、〝芸能ニュースを15分も読み込んでしまった〟なんてことになるのです。

とにかく、どんな仕事にもデッドラインを設けることが必要です。営業スタッフ時代の私はすべての仕事をテストのように考えていました。

・お客様の提案書を30分で作成する
・行動計画書を10分でまとめる

といった感じです。

それは今でも変わらず、〝30分で◯◯のテーマで書く〟と、あらかじめ制限時間を決めて取り組んでいます。一見難しく感じるかもしれませんが、そうでもありません。

これは研修などで「今まで何万回とテストをしてきたのですから、できない人はいませんよ」とお話しします。するとほぼ全員が納得してくれるのです。

学校のテストはお願いしても延長はしてくれず、時間がくれば終わりです。そのルールを誰もが知っており、きっちり守ってきました。誰だってできるのです。

テレワークでは時間が自由になるため、デッドラインを設定するという考え方が必

須になってきます。適切な時間を設定して、テレワークで集中力を高く保つようにしてください。

ゾーンを長くキープする方法

プロスポーツ選手のインタビューなどで「今日はゾーンに入りました」というコメントを聞いたことがあると思います。ゾーンとは〝**物事に完全に集中し、いつも以上の力が出ている状態**〟のことを言います。

プロスポーツ選手ではなくても、軽いゾーンがやってくることがあります。

以前、ゴルフをしていた時のことです。その時は突然やってきました。ドライバーはまっすぐ飛びますし、パターもどんどん入ります。ハーフでのベストスコアを更新したのです。今は18ホール続けてプレイするスルースタイルも多くなりましたが、その時はハーフでランチをとるスタイルでした。同伴者の方から「菊原さん、凄いじゃないですか。うまくなりましたね」とさかんに言われたのです。その際、私は「イヤイヤ、たまたまですよ。午後はきっと元通りですよ」と答えていました。たいていはこう答えますよね。

そして、午後のラウンドでは、予言通りいつもの自分に戻り、普通のスコアで終わりました。いつも以上の力が出ていたのかもしれませんが「そうなんですよ、今日は最高のスコアが出る予感がします」などと言っておいた方がよかったのです。そうすればゾーンが長く続いたでしょう。

営業活動で調子がいいとき、まわりの人から「今季はスゴイじゃないですか！　一皮むけましたか？」などと言われことがあります。

こんな時は思わず「いやぁ〜、今はただ運がいいだけです。すぐに元通りですから」と答えがちになります。

日本は儒教の考え方がベースにあり、どうしても謙虚な言葉や姿勢が美徳とされがちになります。しかし、自分を下げるような言い方をし過ぎてはなりません。褒められたら謙遜ではなく、「そうなんですよ、ちょっと接客方法を変えましてね。それがいいんですよ」などと回答するようにしてください。

横柄になるのではなく、ちょっとだけ前向きな回答をする。その方がゾーンも好調も続くものです。

結果を出す人は気持ちが下がらない工夫をしている

先ほどはゾーンについて話をしました。

結果を出している営業スタッフはいい状態を長くキープする工夫もしていますが、同時に**〝モチベーションが下がらない工夫〟**をしています。

トップ営業スタッフの知人は徹底していて、「気持ちが下がる行為は一切しません」と言い切る人です。

例えばですが、

・愚痴が多い人とは付き合わない

・ネガティブ思考の人との接触を避ける
・暗いニュースを見ない　などなど。

こういった足を引っ張る要素を1つひとつ排除していきます。

さらには「悲しい気持になる映画やドラマも一切見ないようにしている」という徹底ぶりです。その話を聞いた時は「映画やドラマくらいなら、大丈夫だろう」と思っていました。

少し前のことです。映画館に行って〝感動もので ちょっと胸が苦しくなる映画〟を見たことがありました。内容的には非常に良かったのですが、その日はもちろんのこと、数日経っても「なんか気持ちが暗くなる」といった感じが抜けなかったのです。

この時はじめて「あぁ、知人はこれを言っていたのだな」と痛感したのです。

自分に関係するすべての情報は今後の自分に影響を与えます。「たかがドラマだから」とか「ニュースぐらい問題ない」などと軽視せず、**いい情報を選択して取り入れてください。**

調子が出ない時の気分転換アイテムを用意しておく

できる人は無駄を排除し、効率的な行動や時間に投資しているものです。とはいえ、常にベストの状態なわけではありません。人間ですから「どうも今日は調子が出ない」なんて日もあります。どんな世界でも結果を出す人は、こういった調子が出ない時の気分転換が非常にうまいのです。

少し前の話ですが、平昌五輪でカーリング女子の日本代表チームが〝もぐもぐタイム〟と呼ばれる時間を取っていました。軽食を取ってエネルギー補給をするのが目的なのですが、これがいい気分転換になり何度もいい流れを呼び込んでいたのです。

ゴルフの渋野選手も同じように〝もぐもぐタイム〟を取っています。ゴルフのラウンド中に何かを食べるのです。

そのことに関してメンタルコーチが「あれは単純お腹が減ったからではなく、**メンタルチェンジ**している」と解説していました。ミスをした際、何かを食べることでパッと気分を切り替えているのです。

トップ営業スタッフは調子が悪くなかった時、もしくはミスをした時〝気分を切り替えるアイテム〟を準備しています。これは何でも構いません。スポーツ選手のように食べ物でもいいですし、5分間ゲームをするというのでもいいでしょう。とにかく気分をスパッと切り変えるアイテムを持つといいのです。

私自身も「なんか調子が出ないなぁ……」という時はコーヒーブレイクをしたり、素振りをした

りとアクションをとるようにしています。5分程度でも、かなりリフレッシュできるのです。

調子が出ない時の気分をチェンジするアイテムを1つ持つようにしましょう。

仕事に入る前の〝集中力アップ・ルーティーン〟をつくる

テレワーク時代になれば、自宅で仕事をする時間が長くなります。

「上司がいないからダラッとスタートしてもいい」という自由さもありますが、サボった分、仕事は遅れていきます。予定を組んでおかないと、どんどん先送りになり仕事が進まなくなってしまうのです。

そこで私がおススメするは、**仕事に入る前のルーティーン**です。

一流のスポーツ選手も決まったルーティーンを持っており、それをすることで集中力を上げていきます。

私自身も仕事に入る前の数分間、毎日同じ行動をしております。朝起きたら前向きな言葉を唱え、顔を洗い、鼻うがいをして、水をコップ2杯飲みます。このルーティーンをすることで、自然に集中力が高まっていくのです。

仕事前の数分間のルーティーンはダイヤモンドの時間であり、テレワーク成功のキーポイントになります。

もし誰かに「仕事をするうえで大切なことを1つ答えてください」と聞かれれば、間違いなく「朝のルーティーンです」と回答します。一度この効果を知ればきっとやめられなくなります。

しかし、それは私のタイプがそうであって、中には「毎日同じことをすると集中力が上がらない」という人もいらっしゃいます。

とくに営業スタッフはクリエイティブなタイプが多く、「同じことを3日も続けたら嫌になる」なんて人もいるのです。それでも〝集中力アップ・ルーティーン〟は大切です。

そんなクリエイティブな方にはまず1つの方法として、**毎日やることに関して5%程度変化させる**ということがあります。

使っているものを少し変えたり、右足からスタートすることを左足にしたりと、ほんのわずかでいいのです。これだけでもマンネリ化が防げます。それでもなお飽きてしまうという方は、1日ごとに交互にルーティーンを変えてもいいでしょう。今日ジョギングをしたら、その翌日は瞑想するなど、まったく違うことを交互に続けてもいいのです。

1日のスタートがよければ、その日はいい1日になります。いろいろ試してみて、自分なりの〝集中力アップ・ルーティーン〟を確立してください。

今はスキルアップのチャンスである

テレワーク営業が中心になってくると、移動時間がゼロになるわけですから、時間的余裕が生まれます。またオンライン商談では細かい表情などが分からないというデメリットもありますが、1日にたくさんの方とお話しできるというメリットもあります。

しかし、多くの営業スタッフから「商談数は増えても契約が取れない」といった話を聞くのです。

自粛傾向が続いているような状況の時は、お客様の行動意欲が上がりません。業種によってはまったく動かないこともあります。

私自身、営業スタッフとして、そして営業コンサルタントとして25年以上営業の世界に携わっていますが、これ以上キツイ状況はないと実感しています。

今はほぼすべての営業スタッフが苦戦しています。だからと言って、お得意さんに「今月契約が取れなかったらクビになっちゃいます。何とか助けてください」と泣きついたらどうでしょうか?

お客様だって苦しいのは同じことです。泣きつかれても困ります。下手にお願いすれば今まで築き上げた信頼が台無しになってしまうのです。

では、こういった時はどうすればいいのでしょうか?

できる限りの行動はとったうえで「今はスキルアップの期間だ」と割り切るのです。

景気がよく、忙しい時期は「スキルアップしたくても時間が無い」といった状況でした。今こそスキルアップや勉強のチャンスです。

・話し方や聞き方の勉強をする
・コミュニケーションについて学ぶ
・雑学や一般的な知識を学ぶ
・体のコンディションをよくするための方法を学ぶ　などなど。

今まで手を出さなかったジャンルでも構いませんが、私のおススメは〝**自分の素養にあったものを選ぶ**〟ということです。下手に苦手な分野に手を出すと、それがストレスになるからです。

不景気はただでさえモチベーションが下がっていきます。ここは〝**自分に合った分野**〟もしくは〝**好きで興味がある分野**〟を選んで**スキルアップ**しましょう。

学んだことを発信すれば立派な営業活動になる

先ほどの項目で「今はスキルアップのチャンスである」という話をしました。

テレワークでやるべきことはしますが、無理に数字を上げようとしてお客様との関係を壊したのでは元も子もなくなります。

この時期は、スキルアップをして自分の力を蓄えた方がいいのです。

この話を聞いて「ただ学んでいるだけでは不安だ」という方もいるでしょう。

確かに契約も取れず、売り上げが上がらない状態では落ち着いて何かを学ぶことなどできません。

ここであなたにやっていただきたいことがあります。それは**学んだことを〝お客様、クライアントに伝える〟**ということです。伝える方法はいろいろあります。

・メールで連絡するついでに「追伸」として伝える

・お役立ち情報を送る際に手書きで伝える
・SNSでメッセージを送る　などなど。

例えは〝健康になるための栄養学〟を勉強しているのでしたら、「ここ最近は栄養学を学んでいまして、ダイエットについて詳しくなりました」と発信していきます。長々とプライベートのことを報告されても困りますが、1行だったら迷惑だとは思いません。その一文を読んで「○○さんはこんなことを頑張っているんだな」と好印象を持つものです。

このように**定期的に今やっていることを伝えていけば、あなたのことをお客様から忘れられることはありません**。

厳しい時期はお客様だって「買ってあげたいけど、そんな状況ではない」と思っています。そこでの強引な売り込みはお互いに不幸になります。

こんな時期は**無理せず、自分を磨く**ことを考えましょう。そして、そのことについてお客様に発信するのです。これだって立派な営業活動になります。

テレワーク時代は空いた時間をどう使うかがキーポイントになってきます。ぜひこの時期に学んで自分をバージョンアップさせてください。そして、それをしっかりとお客様に伝えましょう。

第７章

これからはますます体が資本、自分で心と体を守る方法

テレワーク時代は自分の体は自分で管理する

テレワーク営業時代になれば、家で食事をすることが多くなります。話を聞くと「外食が少なくなって健康的になった」という人もいれば「ほぼ毎日インスタント食品かジャンクフードで済ませている」なんていう人もいます。

営業ノウハウの知識があっても、健康に対する知識がずさんな人は少なくありません。「体が資本だ」ということを知っていても、体のメンテナスは後回しにされ、たいていは優先順位が低いものです。

体調が悪くなるとまず見た目が悪くなります。**営業活動では出会った数秒の影響が大きい**ですから、これはかなりのデメリットです。

それより**問題なのは仕事のパフォーマンスが著しく落ちること**です。これがどれほど仕事に悪影響を及ぼすか、理解していない人が非常に多いのです。

という私もダメ営業スタッフ時代は、かなり乱れた生活をしていました。

とくに食生活は酷く、朝は何も食べないかタバコと缶コーヒーだけで済ませます。ランチは体に優しくないヘビーな外食やファストフード、コンビニ弁当です。夜になればお酒を飲みたくなりますから、メインの食事をとらず味の濃いつまみとアルコールでした。

今から考えると「それでよく病気にならず過ごせたな」と不思議に思います。当然、こんな食生活をしていたのですから常に疲れが抜けず体調がすぐれませんでした。いつも頭がボーッとしていたため、頻繁につまらないミスをしてしまいます。こんな状態で仕事をしても、うまく行くはずもありません。

当時の私は体へのコンディションを整えるといったことや健康管理など、まったく興味を持っていませんでした。常に体調は悪かったものの、改善しようとせず、その後も健康とは無縁の生活を続け、モチベーションが上がることもなく、ポジティブになることもなく、ますます泥沼にハマっていったのです。

これが7年間ダメ営業スタッフでい続けるハメになった一番の原因かもしれません。

自分の力を発揮するためには体に関する最低限の知識が必要です。

テレワーク時代になれば、自分の体は自分で管理するしかありません。この章で体に関する基本を学び、仕事のパフォーマンスを向上させてください。

体の調子が良くなっただけで多くの問題が解決する

私は7年間ダメ営業スタッフを経験したのち、営業レターで結果を出しました。無駄な訪問をしなくなり、リモート営業にしたことで、働く時間の大幅な削減に成功します。時間的にも余裕が出てきた私は、徐々に健康的な生活（体にいいものを食べて、早く寝る）にシフトできたのです。そのことで営業活動はどんどんうまく行くようになります。

考えてみれば、**能力が上がったのではなく、単にコンディションが良くなったことで改善されたこともたくさんありました。**

体にいいことをするようになってはじめて「なぜもっと早く取り組まなかったのか

……」と後悔したものです。それ以来、体のコンディション調整、健康法にハマりいろいろ試してきました。

結果が出たものもありますし、自分に合わなかったものもあります。まずはいいと聞いたらすぐに実践し、結果が出たものは長く続けています。そのお陰で20代のころよりも、40代の今の方が何倍も体の調子がいいですし、キレもいいのです。これ以上のリターンがあるものは他にないと痛感しています。

モチベーションを上げるため、前向きになるために自己啓発本を読んだり、セミナーに参加する方がいらっしゃいます。

それも悪くありませんが、それより**手っ取り早く結果が出る方法は、やはり体のコンディションを整えること**です。それが最も費用対効果が高い行為だと思います。

長く活躍するトップ営業スタッフは、例外なく体のコンディションを整えています。体のメンテナンスを常に欠かさず、いつもいい状態に保っているのです。人によっていろいろな方法を採用していますが、基本的には〝**体をいじめる悪習慣をやめ、そのかわりにいいことをする**〟といったことです。

・体にいいものを食べる
・いつもより30分早く寝て30分早く起きる
・週に2回休肝日をつくる
・毎日10分運動する　などなど。

人がいいと言っても自分には合わないこともありますし、その逆もあります。実際やってみて判断するのが一番です。体にいい行為が習慣化すれば、必ず体調は良くなっていきます。そうなれば自然にモチベーションが上がります。

体から力が沸き上がる状態になれば、今抱えている問題も自然に解決してしまうものです。

悪い習慣、悪い思考癖はこれで撃退する

悪い習慣、そして悪い思考癖はやめるに越したことはありません。しかし、〝分かっているけどやめられない〟ということがあるでしょう。

私の友人はなかなか間食がやめられず、悩んでいました。

テレワークで家にいる時間が長くなり、食べようと思えばいつでもおやつを食べられます。気分を切り替えるための〝もぐもぐタイム〟ならいいですが、口さみしさだけで何かを食べるのはよくありません。知人はいわゆる〝コロナ太り〟で10キロ近く太ったと言います。

そんな知人がここ最近、間食をやめ、ダイエットに成功したと言いました。

その秘訣を聞くと「おやつを食べたくなったら腕立て伏せをその場で10回するようにしている」というではありませんか。10回ほど腕立て伏せをすると心拍数が上がり、息が切れるため、食欲を抑えられるのというのです。さらには大胸筋と腕の筋肉がつ

いたといいます。これは一石二鳥で素晴らしい方法です。

この話を聞いた時「これは他のことにも応用できる」と感じました。

悪い習慣は食べ物だけではありません。どちらかというと、**悪い思考癖の方が体に悪影響があります**。

体表的な例で言えば、**嫉妬をしたり、人を妬んだりすると体から悪いホルモンが分泌され、それが体にダメージを与える**のです。しかし、それが分かっていても、止められるものではありません。自分より成績のいい営業スタッフに対して「調子に乗りやがって。クレーム地獄に落ちろ」などと考えてしまうこともあります。こんな醜いことを考えた時は自己嫌悪に陥るものです。

そんな時はその場で体を鍛えるのです。知人のように腕立て伏せでもいいですし、腹筋、スクワットでも構いません。このような運動でしたら何も道具が必要ありませんし、その場ですぐに出来ます。テレワークでしたら人目も気になりませんし……。

もし会社でしたら〝ネガティブなことを考えたら5回深呼吸する〟といったものでもいいでしょう。**悪い習慣、悪い思考癖は工夫して撃退しましょう。**

雑用デトックスをすれば気持ちは上がってくる

体のパフォーマンスを上げるために、〝溜まっている毒素を体の外に出す〟というデトックスは今や常識になりました。毒素が溜まっている状態でいい食べ物を食べたり、サプリメントを飲んだりしてもあまり効果は期待できません。まずは体から毒素を出すことが先決なのです。

体から毒素を出すように、時々仕事のデトックスをすることをおススメします。

人はどんな時にイライラしたり、ストレスが溜まったりするでしょうか？

多くの人は「やらなくちゃならないけどやっていない」という仕事がある一定以上溜まるとイライラし始めます。

私の場合ですが

・送るべき返信メールを送っていない

・請求書を作成していない
・税金を納めていない　などなど。

こういった細かいことが溜まっていくと気持ちが憂鬱になっていきます。

1つひとつの項目はたいしたことなくても、積み重なるとボディブローのようにダメージが大きくなるのです。そんな時は時間を取り、すべて片付けることで気分が晴れます。これを私は〝**雑用デトックス**〟と呼んでいます。

「どうも気分が上がらない」という人は、やるべき細かい仕事が溜まっているだけなのかもしれません。**まずは気になっている項目をリストアップ**しましょう。**書き出しただけでも頭が整理され気分が良くなる効果がありますが、可能であれば、それを一気に片づけてしまうのです。**

やっていただければ分かると思いますが、1つ仕事が片付くと次もやりたくなります。あっという間に溜まっていた仕事ができてしまうのです。

後回しにすれば気分が上がらず、仕事のスピードが上がっていきません。

ここは思い切って一度仕事の手を止めても、時間を取って〝雑用デトックス〟をやってみてください。気分が上がり、仕事が気持ちよくできるようになります。

体調の変化を見逃さないためのチェックポイントを持つ

私は体調管理には、かなり気をつかっている方だと思います。講師として「風邪をひいたので今日は休みます」とは言えませんから……。

といっても人間なので体調が悪くなるときもあります。**調子が悪くなったとしても、悪化させずにリカバリーできれば相手に迷惑をかけなくて済みます。悪化させないポイントは〝異変に気づいたら早めに手を打つ〟**ということです。

誰でも経験があると思いますが、思い返せば「あの時、無理しなければなぁ」というポイントがあるはずです。通常は甘く見て、悪化してから後悔するものです。そうならないために、**調子が落ちてきた時の〝チェックポイント〟というものを持つこと**をおススメします。

私のチェックポイントのひとつは〝些細なことにイライラするようになる〟ということです。ちょっとしたミスに対して必要以上にムカッときた時は体調が悪くなる前兆です。こういった時は無理せず仕事のペースを落とし、リカバリー・ルーティーンで回復させます。

幸いテレワークでの仕事では〝商談や重要な仕事以外はゆっくり休む〟といった融通が利かせられます。

これもテレワークのメリットです。

少しでも異変を感じたら〝体にいいものを食べて、いつもより早く寝る〟というように早めにリカバリーするといいのです。

そのためにも体調の変化を読み取る何かのチェックポイントを持ってください。

早めに気づけば大事に至らなくて済みます。

タフな体をつくるための無理のない運動法

長期間活躍するトップ営業スタッフは、リターンを求めて投資をしています。

といっても株式投資や仮想通貨に投資するのではなく、**自分の体とスキル磨きにお金と時間を投資しているの**です。できる人はコンディションの大切さをよく知っており、体についてはとくに気を使っています。あなたのまわりでも、ジムに通って体を鍛えている人がやたらと増えていませんか?

最近のできる経営者は例外なく体を鍛えたり、健康に気を使ったりしています。タフな体がどれほどのリターンをもたらしてくれるか、実感しているからです。もちろん、時間的に余裕があればスポーツジムやヨガ教室などへ通って体を動かしてもいいでしょう。

しかし、「忙しくてそんな暇はない」という人も多いのではないでしょうか。タフな体をつくるのは、いつでもどこでもできます。大げさに考えなくてもいいのです。

例えば、

・最寄り駅のひと駅手前で降りて歩く

・ストレッチをして循環をよくする

・ラジオ体操をする　などなど。

軽くてもいいですが、**ポイントは〝続けること〟**です。

一気にやり過ぎて筋肉痛になり「もうコリゴリだ」とやめてしまっては意味がありません。どんな些細なことでもいいので、毎日コツコツ体を動かすようにしましょう。

その積み重ねがタフな体を作り上げるのです。

ネガティブの扱い方の一流、二流、三流

私はソフトバンクホークスの王会長を心から尊敬しています。選手として超一流なのはもちろんなのですが、監督としても実績を残しましたし、今でもなおチームに大きな影響を与えています。王会長の考え方、発言を聞くと「本当に素晴らしい方だ」といつも思います。

数々の発言の中で一番心に刺さったのが「負ける悔しさを味わいたい」という言葉です。

野球は勝負ごとですから、もちろん勝つことが重要視されます。しかし、**勝つこともいいのですが「負けて悔しい思いをするのも、また味わい深い」**というのが、王会長らしい言葉だと思います。

ネガティブな部分も存分に味わう。本当に野球が好きな人の考え方なのです。

ソフトバンクつながりでご紹介すると、ソフトバンクの孫会長も私が尊敬する人の

1人です。

孫会長の言葉に「批判は忍耐力を高める」というものがあります。**どんな心無い批判でも「これは忍耐力を高めるトレーニングになる」と思えば腹が立たない**というのです。この考え方も非常に参考になります。

ネガティブなことが起こって「クソッ、自分じゃなくてあの人が悪いんだ」などと人のせいにするのは三流です。「これはいいことがある前兆だ」と無理にポジティブに考えられて二流です。

そして**一流はネガティブな出来事をそのままじっくりと味わい、そして次に活かしている**のです。

名を残す人はネガティブなことの扱い方が違います。こういった考え方があるということだけでも覚えておいてください。

ストレス状態で仕事をすれば自滅する

コンサルタント仲間とテレワークで話をしていた時のことです。そこでの話題は〝移動時間の仕事〟についてでした。

今はオンラインでの研修が増えたものの、リアルの研修になるとどうしても移動時間が長くなります。

Gさんは「どんな状況でも仕事を続けた方がいい」と主張します。新幹線や飛行機では何かが気になって集中できないこともよくあります。仕事がある場合、いちいちまわりの環境に負けていたではらちがあきません。気合でやり続けるというのです。

一方Jさんは、違う意見でした。

環境が悪い時は「そういう日じゃない、と諦めて違うことをした方がいい」と主張します。

仕事ができる環境であればやりますが、そうでなければお酒を飲んで過ごすと言います。Jさんは〝怠けていい〟と言いたいわけではなく**「ストレス状態で仕事をしてもいいことはない」**ということです。

私にも経験がありますが、イライラしながら作った資料は使い物になりません。であれば、割り切って仕事以外のことをした方がいいのです。

テレワークで仕事をするとなると、家庭環境が大きく影響します。1人暮らしならいいですが、家族がいる環境で集中して仕事はできないものです。この状態で仕事を続けるとストレスが溜まりますし、家族との関係も悪くなります。

そうならないために**〝第2オフィス〟を準備しておく**のです。今はほとんどのカフェやファミレスに個人用のコンセントが用意されています。仕事がやりやすい環境になっているのです。

テレワークでの仕事は家族との関係も大切になります。「仕事をしているのだから静かにしろ」と家族に怒鳴ったりしてはなりません。第2オフィスを準備しておき、ストレスなく仕事を進めましょう。

時には愚痴もストレス解消と癒しになる

テレワークに限りませんが仕事をするうえで、大切にしていることがあります。

それは〝できる限りネガティブな影響を受けないようにする〟ということです。

もう何年も前からテレビで事故や殺人のニュースを見ていませんし、害になる情報は意識的にシャットアウトするようにしています。

以前は、仲間と集まり「こんな時代だし、うまく行くわけがない」という愚痴や泣き言を聞いていたこともあります。こういった集まりに参加すると、パワーを吸い取られ、数日間ダメージを引きずります。「愚痴や泣き言は百害あって一利なし」と考え、今までずっとこういった人たちに対し意識的に距離を置いてきたのです。

少し前のことです。仕事関係でものすごいジレンマを感じたことがありました。この時はどうしても我慢できず、娘に思わず「ちょっと聞いてほしいんだけど」と愚痴ってしまったのです。わずかな時間でしたが、吐き出してストレス解消になりスッキリしました。

その時**「愚痴も癒しになるんだな」と感じた**のです。短時間であれば相手にそれほど迷惑もかけません。時にはこういった時間も必要なのです。

もちろん、あまりにも愚痴っぽい人とは距離を置いた方がいいでしょう。しかし、短時間であれば付き合ってあげるのもアリだと思ったのです。

愚痴をある程度聞いて、相手が満足したら「そうそう、そういえば」と話題を変えてしまえばいいですから。

テレワークでは自宅での仕事が増え、なかなか気分転換ができにくくなります。その際、我慢するのではなく家族に「3分だけ愚痴を聞いて」とお願いしましょう。

ただ、くれぐれも長くならないようにご注意を。

効果的な〝無駄な時間〟の使い方

私は営業スタッフの方にコンサルティングさせていただく際には、「代表的な1日」についてヒアリングします。1日の過ごし方を知ることで、いろいろな改善点が見えてきます。**営業ノウハウやトークを改善することより、1日の過ごし方を改善した方が早く結果が出ることも多い**のです。

これはトップ営業スタッフの方にお会いした際もよくお聞きしています。

トップ営業スタッフから1日の過ごし方についてお聞きすると「こんな無駄なことに時間を使っているの？」という時間帯があったりします。もちろん1日の大半は効率よく仕事をこなします。そのうえで〝無駄な時間〟と思われる時間の過ごし方をしています。**一見無駄なように思われがちの時間ですが、この時間によって意識的に心と体のバランスをとっている**のです。

住宅会社のトップ営業スタッフのMさんのことです。Mさんの会社は商談、契約、打ち合わせ、立ち合い、引き渡し、アフター……とすべての業務に営業スタッフが関わります。となると必然的に朝から晩まで無駄なく働く状態を続けざるを得なくなります。

私も短期間経験したことがありますが、1日中みっちり働くのは本当に大変です。Mさんもそんなハードな状態を長年続けているうちに、体も精神もダメージを受けてしまったのです。しばらくしてMさんは「無駄な時間も大切なんです」と語っていました。それからは体も調子が良く、順調に結果を出し続けています。

私自身も時々、朝からめいっぱい仕事をやってしまうことがあります。そういった日が続くと、体の異変を感じます。これは気を付けなくてはなりません。

テレワークになると始業時間や終業時間があいまいになります。仕事が詰まっていると12時間、15時間とめいっぱい働いてしまうことだってあるのです。こういった働き方を続ければ、体と心がもちません。

めいっぱい働くのではなく、合間で「ちょっと無駄な時間だけど好きなこと」をやるようにしましょう。例えばスマホでマンガを読むとか、ゲームをするとか。

無駄な時間を効果的に取ることでいい気分転換になり、いい仕事ができるようになります。

大切なことはコンディションを整えてから判断する

テレワーク時代はデジタルツールが発達した分、仕事もプライベートもスピードアップしていきます。これからは**今まで以上に〝クイックレスポンス〟が必須**になってくるのです。

何かを判断する時もスピードが必要になります。

例えばですが、お客様からSNSで「この件ですが日程がいつになるか、教えてもらえますか」とメッセージが届いたとします。少し前まででしたら「会社に戻って確認します」とできましたが、今はすぐにスマホで調べて返事をしなくてはなりません。

また、プライベートでも「〇〇をしませんか?」と声をかけられたら、スケジュールアプリを見てすぐに〝Yes〟or〝No〟を決めなくてはならないのです。

これから瞬時に判断する能力が必要となってきます。

ただし、注意して欲しいことがあります。それは**大切なことを判断する場合は、できる限りいい状態の時に判断する**ということです。

・気持ちが焦っている
・ネガティブな気分
・うつ気味でローテンション　などなど。

こんな状態で大切なことを判断したらどうでしょうか？　いくらクイックレスポンスが不可欠だとしても、間違った判断をしたのでは元も子もありません。

・お客様からの確認メール
・簡単な問い合わせ
・上司へのちょっとした報告
・遊びに行くかどうか

逆にこういったことはパッとその場で判断してください。

しかし、**大切なこと、大きな影響があることは心と体のコンディションを整えてから判断した方がいい**のです。時間が取れれば好きな音楽を聴いてリラックスするのでもいいですし、1人になってゆっくりと深呼吸だけでもいいです。**大切なことは慌てず落ち着いてからしっかりと判断しましょう。**

翌日の準備+ルーティーンでスタートダッシュをかける

1日仕事をして振り返った時、「今日はいい仕事ができたなぁ」と思う日はどんな日だったでしょうか？

朝からダラダラしていたが、途中でギアチェンジをして盛り返した、なんて日は稀です。気分良く朝をむかえ、いいスタートを切った日の方がはるかにはかどったはずです。

テレワークでは誰かが活を入れてくれる、なんてことはありません。**仕事を効率よ**

くこなすには、自分で工夫して朝のスタートダッシュをかけるしかないのです。

とにかく**朝は起きて数秒が勝負**です。寝起きに泣き言を言えば一瞬にして気分は乗らなくなり、目覚めの悪い1日の始まりになります。テレワークは出社時間もないわけですから、思わず2度寝してしまうかもしれません。こうなれば、その日の仕事のクオリティは期待できなくなります。

そうではなく「よっし、今日も元気に頑張るぞ!」と口に出して、ベッドから飛び起きたらどうでしょうか? 多少寝不足だとしてもいい1日が始まるのです。

192ページでもご紹介しましたが、私は朝のルーティーンを持っています。その日によって言う言葉を変えますが、たいていは「さあ、今日はどんないい1日になるかな」と言ったり「よっし、やるぞ!」と言ったりして気持ちを盛り上げるのです。

まずは起きたらすぐに前向きな言葉を言うようにしましょう。たったこれだけでも十分効果を感じていただけると思います。

また、朝からいいスタートを切るためにもう1つやっていただきたいことがあります。

それは**〝楽しいことを1つ用意してから寝る〟**ということです。

どんなに朝が弱い人も好きなことがあれば目覚めが良くなります。よく言われるのは、翌日ゴルフだったり旅行だったり楽しい予定があれば自然に早起きができるというものです。1つ楽しいことがあれば、早起きのモチベーションになります。

寝る前に明日の楽しみを準備してください。楽しいことを1つ用意してから就寝し、起きたら前向きな言葉を言うようにしてください。間違いなくいいスタートが切れるようになります。

寝る前にやってほしいクロージング・ルーティーン

先ほどの項目では「翌日の準備＋ルーティーンでスタートダッシュをかける」といった話をしました。

いいスタートを切れた日はおのずといい結果になるものです。とはいえ、営業活動はお客様相手ですから思うような結果が出ない日も多くあります。

そんな時にぜひして欲しいことがあります。それは**その日の良かったことを探し出し、リストアップする**ということです。どんな些細なことでもいいので、いいことと して書き出します。たとえどんなダメな日でも「スタッフから優しい言葉をかけてもらった。今日はよかった」などと書けるはずです。

これは私がダメ営業スタッフ時代にやっていたのですが、効果は絶大でした。**無理やりでもいいことを思い出し、リストアップするうちに「なんだかんだあったけど、まあよかった」という気分になってきます**。

当時、不眠症気味だった私もこれだけで気分がスッキリし、気持ちよく眠りにつくことができたのです。

さっそく今日の夜から今日起こったいいことをリストアップしましょう。1分あればできます。たった1分ですが満足感を得られ、よく寝られたりするものです。快眠が翌日のいい状態を作り出します。このような1日として締めくくるための〝クロージング・ルーティーン〟を持つことをおススメします。

これに慣れてきたらバージョンアップをしてください。**「いいことリストアップ＋〝寝る前の3分間ストレッチ〟」**を追加するのです。

多くの営業スタッフから「疲れが溜まって取れません」という悩みを聞きます。お酒を飲んでも、休みの日に寝溜めをしてもダメだというのです。

そういった営業スタッフの方に「寝る前の3分間ストレッチをしてください」とアドバイスをします。軽くストレッチをするとリンパの流れが良くなり、疲れが取れやすくなるのです。

私も時々やっていますが、翌日の目覚めが違います。翌朝、いい状態で目覚めるために自分にとってベストの〝クロージング・ルーティーン〟をつくって実行してください。

おわりに
リアルとかテレワークではなく〝相手の立場〟になって考える

ほんのわずかな期間で営業活動や多くの業務がテレワークへとシフトしました。本当に時代が変わるのは早いと感じます。

営業スタッフ時代も、コンサルタントになってからもテレワークで仕事をしてきた私にとっても、この急激な変化には驚いております。今後は好きとか嫌いではなくこの変化に対応していくしかないのです。

戸惑っている営業スタッフの方も、もうしばらくするとテレワークに慣れてくると思います。その方が効率もいいですし、楽ですから……。

逆に、リアルで仕事をすることの方に違和感を持つようになるでしょう。

本書では、テレワーク・オンライン時代のデジタル営業におけるノウハウについてお話ししてきました。だからといって「リアルの営業の時代はもう終わりだ」と言うつもりはありません。これからはリアルでもテレワークでも両方をうまく活用し、結果を出す人だけが生き残っていきます。

大切なのは**リアルかテレワークかではなく「お客様やクライアントの立場に立ち、相手のことを本気で考えられるか」ということが重要**なのです。この本はそういったメッセージを込めて書きました。ぜひこの点を意識して読み返してみてください。必ずや新たな発見があると思います。

この本でテレワーク、デジタル営業のスキルを身につけたあなたは、今後もきっと活躍できます。結果が出ましたらぜひ私に報告してくださいね。

あなた様のこれからの成功を心から願っております。

最後に日本能率協会マネジメントセンターの黒川剛さんにお礼を言わせてください。

テレワーク営業の企画の話をいただき、すぐに企画を通していただきました。スピーディーにこの本を世に出せたのは黒川さんのお陰です。心より感謝いたします。

またいつも本を買っていただいたり、blogを読んでくださっている読者の方へ。いつも本当にありがとうございます。

最後の最後に、家族へ感謝の言葉で締めさせていただきます。いつも本当にありがとう。

営業コンサルタント／関東学園大学講師
菊原　智明

〈著者紹介〉

菊原智明（きくはら・ともあき）

営業サポート・コンサルティング株式会社　代表取締役
• 営業コンサルタント
• 関東学園大学 経済学部講師
• 一般社団法人営業人材教育協会理事

群馬県高崎市生まれ。トヨタホームに入社し、営業の世界へ。自分に合う営業方法が見つからず7年もの間、クビ寸前の苦しい営業スタッフ時代を過ごす。その後、お客様へのアプローチを訪問から「営業レター」に変えることをきっかけに4年連続トップの営業スタッフに。約600名の営業スタッフの中においてMVPを獲得。2006年に独立。営業サポート・コンサルティング株式会社を設立。現在、上場企業への研修、コンサルティング業務、経営者や営業スタッフ向けのセミナーを行っている。2010年より関東学園大学にて学生に向け全国でも珍しい【営業の授業】を行い、社会に出てからすぐに活躍できるための知識を伝えている。2020年までに65冊以上の本を出版。ベストセラー、海外で翻訳多数。

主な著書に『訪問しなくても売れる! 「営業レター」の教科書』（日本経済新聞出版社）、『売れる営業に変わる100の言葉』（ダイヤモンド社）、『面接ではウソをつけ』（星海社）、『5つの時間に分けてサクサク仕事を片づける』（フォレスト出版）、『「稼げる営業マン」と「ダメ営業マン」の習慣』『〈完全版〉トップ営業マンが使っている 買わせる営業心理術』『残業なしで成果をあげる トップ営業の鉄則』（明日香出版）、『営業1年目の教科書』『営業の働き方大全』（大和書房）など多数。

■ 営業サポート・コンサルティングHP
http://www.tuki1.net/

テレワーク・オンライン時代の営業術

2020年11月10日　初版第1刷発行

著　者——菊原智明

発行者——張士洛
発行所——日本能率協会マネジメントセンター
〒103-6009　東京都中央区日本橋2-7-1　東京日本橋タワー
TEL　03(6362)4339（編集）／03(6362)4558（販売）
FAX　03(3272)8128（編集）／03(3272)8127（販売）
http://www.jmam.co.jp/

装　丁——冨澤崇（EBranch）
本文組版——株式会社アプレ コミュニケーションズ
印刷所——シナノ書籍印刷株式会社
製本所——株式会社三森製本所

ISBN 978-4-8207-2845-0　C2034
落丁・乱丁はおとりかえします。
PRINTED IN JAPAN